Teatro em Crise

Coleção Debates
Dirigida por J. Guinsburg

Equipe de Realização – Edição de Texto: Fernando Cardoso e Mariana Munhoz; Revisão: J. Guinsburg; Produção: Ricardo W. Neves, Sergio Kon, Elen Durando e Luiz Henrique Soares

anatol rosenfeld
TEATRO EM CRISE
CAMINHOS E DESCAMINHOS

Organização, introdução e notas
NANCI FERNANDES

PERSPECTIVA

CIP-Brasil. Catalogação na Publicação
Sindicato Nacional dos Editores de Livros, RJ

R726t

Rosenfeld, Anatol, 1912-1973
Teatro em crise : caminhos e descaminhos / Anatol Rosenfeld ; organização Nanci Fernandes. - 1. ed. - São Paulo : Perspcetiva, 2014.
232 p. ; 21 cm. (Debates ; 336)

ISBN 978-85-273-1018-5

1. Teatro brasileiro - História e crítica. I. Fernandes, Nanci. II. Título. III. Série.

14-16266

CDD: 869.92
CDU: 821.134.3(81)-2

24/09/2014   26/09/2014

Direitos reservados à

EDITORA PERSPECTIVA S.A.

Av. Brigadeiro Luís Antônio, 3025
01401-000 São Paulo SP Brasil
Telefax: (11) 3885-8388
www.editoraperspectiva.com.br

2012

SUMÁRIO

Introdução – *Nanci Fernandes* 11

Primeira Parte:
O TEATRO NO BRASIL

1. Historiografia 45
   João Caetano 45
   Panorama do Teatro Brasileiro 48

2. Literatura Dramática 53
   Panorama do Teatro Brasileiro Atual 53
   Subvenções e Progresso Teatral 60
   Peça Nacional Só Quando Barata? 62
   Jorge Andrade, o Incompreendido 64

3. Crítica 77
    Uma escola de crítica teatral 77
    A Crítica Como Veículo de Informação.............82

Segunda Parte:
ATUAÇÃO E COLABORAÇÃO

4. Teatro Amador 87
    Teatro na Hebraica 87
    Valor Educativo da Arte Dramática.....................92
    Duas Notas Teatrais..93
    Os Amantes do Teatro 100
    Teatro ao Encontro do Povo...............................102
    Ainda o Teatro Popular..105
    Os Pingos nos Is..108
    Problemas Teatrais 110
    Ainda o Debate..112
    Teatro e Subvenção Estatal................................ 114

5. Conjuntura Teatral..121
    Rio e São Paulo 121
    Visitantes Ilustres... 123
    Intercâmbio Teatral 125
    As Caras Montagens...126
    Arte Jovem..128
    Living e Lobos..130
    Dois Acontecimentos... 132
    Dois Depoimentos Lúcidos.................................133
    Divergências e Convergências 136
    O Teatro Como Problema Social....................... 138
    Teatro Sem Grilhões... 141

6. Análises e Pareceres..155
    A Propósito de *Dez Para às Sete* 155

A Prostituta Respeitosa 159
A Raposa e as Uvas 159
*Abre a Janela e Deixa Entrar o Ar Puro
e o Sol da Manhã* 160
A Fiaca, de Ricardo Talesnik 161
Anton Tchekhov: Três Minipeças 163
As Criadas 164
Cemitério de Automóveis etc. 164
Chat en Poche 166
Eu Esperava Que Você Morresse... Etc.,
de Wagner Melo 167
Humilhados e Ofendidos 168
Jornada de um Imbecil até o Entendimento 169
MacBird, de Barbara Garson 170
Marta Saré 173
O Burguês Fidalgo 173
O Clube da Fossa 173
Os 7 Gatinhos 174
Os Próximos 176
Prova de Fogo, de Consuelo de Castro 177
Tudo no Jardim, de Edward Albee 178
Ubu Rei, de Jarry 180
Viver Como Porcos, de John Arden 181

7. Militância Crítica 183

Fora da Barra, de Sutton Vane 183
A *Phèdre*, de Racine, na tradução de Jenny
Klabin-Segall 187
O Diário de Anne Frank 188
Denis F. Bernard: *Cada Um de Nós* 190
Morte e Vida Severina 192
Isso Devia Ser Proibido 198
O Teatro de Hilda Hilst 203
O Novo Sistema 205
Primeira Feira Paulista de Opinião 207
O Dibuk, no Taib 209

A Vinda do Messias 212
Mephisto, o Mágico 214
Macbeth Com Bode e Atabaque 215
Molière, o Burro 217
Molière Com Rock e Almofadas 218
Molière Atual 220
O Escorpião de Numância 223
Uma Sátira Hilariante 225
O Pagador de Promessas 227
TV no Palco 228

INTRODUÇÃO

A publicação de *Teatro em Crise: Caminhos e Descaminhos*, de Anatol Rosenfeld, nos enseja a oportunidade de, ao reunir os artigos inéditos dos últimos anos de sua vida, traçar ao mesmo tempo um perfil de suas preocupações tanto com o teatro em geral quanto com relação ao contexto em que este estava inserido no início dos anos de 1970. O teatro mundial, e o brasileiro em particular, apresentavam características *sui generis* sob vários pontos de vista, mormente o estético. A profunda transformação iniciada no começo do século XX abalou os alicerces e a estrutura teatrais com vistas a permitir que o sopro incessante das renovações arejasse não somente os processos, mas também os meios e modos do fazer teatral. Por outro lado, a necessária reflexão seguia-se a essas transformações que, ao procurar situar e orientar os seus fautores, a custo conseguiam acompanhar e, até mesmo, destrinçar as mudanças de rumo deflagradas a cada nova palavra de ordem. Nesse sentido, o século XX conheceu enorme ruptura, a qual trouxe em seu bojo modificações de ordem vária que passariam, nos últimos anos daquele século, ou a serem absorvidas ou, na maioria dos casos, a serem encaradas como marcos para uma reflexão renovada.

Resenhando sucintamente o teatro praticado nesse século, pode-se dizer que, desde o momento em que encenador e ator foram elevados ao primeiro plano do espetáculo, principalmente a partir da entronização das ideias de Stanislávski, assistimos à quebra de todos os conceitos de espetáculo na sua integralidade: relação e interação entre palco e plateia, novos espaços de representação e de espaços cênicos, ressignificação da interação dos sistemas sígnicos da cena, interação e/ou absorção de linguagens extrateatrais, alteração e revisão da linguagem interpretativa etc. As constelações resultantes foram o viés constante de novas práticas e posturas, especialmente a partir da liberação, propiciada pelo pós-modernismo, de leituras e/ou releituras tanto de textos, como de formas, estilos etc. As mudanças aportadas nas décadas de 1950 a 1970 significaram a abertura para uma renovação constante e diversificada. Tal aspecto, parece-nos, tendo significado um sinal de grandeza, foi-o igualmente de fraqueza na medida em que marcou o teatro, desde então, com a frequente incursão – muitas vezes aleatória – por áreas e domínios estranhos à sua inteligibilidade e, mesmo, ao seu exercício. Trata-se de grandeza pelo fato de remover os grilhões que algemavam o teatro a uma visão romantizada e solitária com relação às demais artes; de fraqueza por não ter propiciado, ao demolir alicerces e estruturas, uma visão reintegrante e renovadora com vistas aos seus fundamentos e ideais. Se tudo havia se tornado possível, obviamente a restauração de paradigmas e parâmetros confiáveis haveria de ser o caminho para a reconstrução daquilo que foi varrido da sua base de sustentação. Não foi o que se deu. Nessa linha, deve ser lembrado que, no Ocidente, ao longo dos mais de dois milênios da história teatral, os ciclos se sucederam, ruíram, renovaram-se e – fator importante – na maioria das vezes as ondas transformadoras acrescentaram inovações de todo tipo. Sem se fazer juízo de valor, verifica-se que foram incorporadas alterações trazidas tanto pela atualização cênica, quanto pela contextualização ao meio cultural a emoldurar o teatro – que, como se costuma dizer, é o espelho da sociedade –, numa alternância de métodos e processos. Por outro lado, essa contextualização demonstra a importância do recurso ao entendimento histórico como ferramenta auxiliar, importantíssima no reposicionamento teórico-reflexivo como suporte à *praxis* teatral.

Essas reflexões vem-nos à mente, claro, quanto ao teatro visto internacionalmente. No que concerne, porém, ao teatro brasileiro – jovem de menos de dois séculos –, o período de 1960 a 1970, afora as influências devido às mudanças no plano internacional, apresenta uma agravante peculiar: os sérios problemas políticos, acompanhados de seus reflexos culturais, originados mormente pela repressão que caracterizou os governos autoritários da época. À medida que a distância histórica joga luz sobre pontos obscuros e que estudos retrospectivos trazem novos elementos para um melhor mapeamento do período, um balanço mais reflexivo e abrangente faz-se necessário, a fim de assinalar os malefícios que, de uma ou outra forma, produziram efeitos negativos em movimentos, inovações, processos e demais aspectos da evolução teatral brasileira. Tais interferências evidentemente refletiram-se no teatro em todos os seus níveis. Deve-se ressaltar que a resposta à repressão deu-se notadamente, com mais vigor, na visão política que impregnou parte dele, refletindo-se não apenas em termos dramatúrgicos, mas também na face que o ligava diretamente ao cerne de seu exercício: a comunicação direta com seus destinatários. Nesse sentido, o teatro muniu-se não somente de inovações estéticas vindas do exterior como também de ideias originadas de uma onda e de uma filosofia veiculadas pela contracultura, assim como pelos conceitos pós-modernistas que envolveram essas manifestações e que passaram a atingir, no plano mundial, todas as artes. Práticas e concepções místicas, uma visão de mundo aberta, contestatória e revolucionária quanto à moral e aos costumes permearam, no Brasil, movimentos e grupos impedidos ou desinteressados do confronto político direto – dentre eles, o Teatro Oficina, cuja trajetória é paradigmática, do fim dos anos de 1960 ao início dos anos de 1970, experimentou uma gama curiosa de revoluções, inovações e experimentações.

Por outro lado, pode-se afirmar que a grande vitalidade do teatro brasileiro anterior (1940-1960) foi auspiciosa sob todos os aspectos: de uma dramaturgia canhestra e ultrapassada passou-se a uma constelação de dramaturgos que brindaram visões e variações sobre a vida brasileira, seja na sua vertente histórica, seja política e social. Igualmente, o desenvolvimento da produção artística passou a inserir na sua prática a incorporação benéfica de várias artes e tecnologias, não apenas em termos econômico-administrativos como também no aproveitamento da evolução cultural, tendo em vista a constante afluência de novos elementos e o alinhamento a práticas internacionais, mormente europeias. Evidentemente, toda essa constelação refletiu-se especialmente na encenação e na interpretação das novas gerações de atores e encenadores que, a partir de 1940, passaram a exercitar maneiras e modos de desempenho mais afinados com as novas realidades, tanto brasileiras quanto mundiais. Em resumo, o teatro brasileiro do início dos anos de 1960 reunia todas as condições favoráveis a fim de erguer-se a um patamar que o posicionaria como teatro maduro e vigoroso, reunindo diversidades e tendências pelo progresso conquistado e sedimentado nas décadas anteriores.

A partir do Golpe de 1964, nossa realidade cultural passou a enfrentar, especialmente, um dilema: ou falar metaforicamente ou voltar-se ao confronto político. Por essa segunda opção, como se sabe, a partir de 1968 o teatro foi perseguido e manietado sistematicamente pela censura que, seja na sua forma direta, seja através de mecanismos institucionais, às vezes de forma violenta e sempre irracional, eliminou qualquer lampejo de liberdade ou criatividade. Com a primeira opção – o uso da metáfora na linguagem cênica e na dramaturgia –, os elementos da classe teatral passaram a concentrar sua expressão de rebeldia – e, muitas vezes, de crítica e análise, tendo como corolário uma prática que, da dramaturgia aos processos cênicos, trouxe para o palco a vivência de aspectos antes latentes ou desconhecidos, como, por exemplo, o surgimento de temáticas mais atuais (o homossexualismo, o aporte de setores marginais da sociedade, com novas gamas de situações e linguagens) e o aparecimento de uma vigorosa dramaturgia feminina, que trouxe a reboque temas e problemas até então vistos como menores ou insignificantes. Sob essa ótica, em contrapartida, o teatro passou a exprimir-se, em especial, por meio de uma dramaturgia alternativa, afinada com os novos anseios e realidades vivenciados pelos recém-chegados ao exercício da vida social. Obviamente, a busca de formas tendentes a eclipsar a expressão direta da realidade não ocorreu somente no campo dramatúrgico, visto que o palco passou a servir-se dos mais variados processos cênicos que lhe possibilitassem a produção e a comunicação: não apenas uma interpretação renovada, mas também o uso corporal, a linguagem cifrada ou transmutada para meios visuais ou auditivos a substituírem a linguagem verbal, a própria produção cênica buscando vias alternativas seja para produtos mais econômicos, seja para salas e ambientes menos convencionais. Mesmo a cenografia buscou adaptar-se aos novos tempos, sóbrios, econômicos e dispersivos.

Não obstante os fatores descritos, o custo estético dessas mudanças apenas começa, ao que nos consta, a ser analisado de forma abrangente visando equacionar as transformações ocorridas entre as décadas de 1960 e 1980.[1]

---

1. Um esboço de análise histórica foi feito em 1988 por Décio de Almeida Prado. Nesse pré-balanço, o historiador expressa uma atitude de impasse: "Ainda não nos reencontramos, ainda não saímos da encruzilhada, nem sequer liquidamos a herança deixada pelo TBC, pelo Arena e pelo Oficina." *O Teatro Brasileiro Moderno*, São Paulo: Perspectiva, p. 125. Como

Com o presente volume, ao trazer à luz artigos inéditos de Anatol Rosenfeld dessa fase, propomo-nos, com a vantagem da distância histórica, a contribuir para lançar algumas luzes sobre a compreensão do período, traçando, em linhas gerais, um caleidoscópio de aspectos e possibilidades trazidos pelo seu pensamento e atuação, tanto no campo estético quanto na participação direta.

Anos Decisivos

Os vários estudos e análises que procuram delinear as alterações ocorridas no teatro brasileiro, buscando-lhes o espírito e a trajetória, geralmente tendem a organizar os principais grupos em três grandes blocos: o primeiro concentrado no que se convencionou denominar de "teatrão", isto é, um teatro praticado dentro da tradição até então sedimentada, buscando, na maioria das vezes, a replicação do teatro estético introduzido a partir do TBC (Teatro Brasileiro de Comédia). Mesmo sem desconhecer as grandes inovações e transformações, os grupos que o compunham mantinham-se numa atitude de respeito estético à tradição e, mesmo que optassem parcial ou timidamente pelas inovações, desenvolviam um teatro alinhado àquele herdado da primeira metade do século XX. Nesse imbricamento, os elementos a ele ligados – majoritários, diga-se de passagem – continuavam a desenvolver uma visão teatral sem

contraponto a essa posição, apontamos, na mídia escrita especializada, a publicação, circunscrita à sua época, de *Arte em Revista*, ano 3, ano 6, outubro de 1981 (Centro de Estudos de Arte Contemporânea, São Paulo), que apresenta um conjunto interessante de artigos que visam fazer uma "reconstituição do quadro do teatro brasileiro das décadas de 1960 e 1970". Ver também Edélcio Mostaço, *Teatro e Política: Arena, Oficina e Opinião* (*Uma Interpretação da Cultura de Esquerda*), São Paulo: Proposta Editorial, 1982. Com referência à trajetória do Teatro Oficina, ver Armando Sérgio da Silva, *Oficina: Do Teatro ao Te-Ato*, São Paulo: Perspectiva, 1981. João Roberto Faria (dir.), *História do Teatro Brasileiro*, v. II, São Paulo: Perspectiva, 2013; J. Guinsburg; Rosangela Patriota, *Teatro Brasileiro: Ideias de uma História*, São Paulo: Perspectiva, 2012.

maiores riscos e ousadias, atentos às inovações mas centrados no uso de postulados testados e conhecidos.

O segundo bloco refere-se aos grupos em geral compostos por elementos oriundos do meio estudantil, que buscavam no fundo histórico uma função política para o teatro. A ideologia permeava sua atuação e produção: a atividade teatral era uma ferramenta encarada como essencial à conscientização e à conclamação das massas para a alteração do *status quo* político e social. De início respaldados por ideias brechtianas, uma extensa teorização derivou para processos, práticas e interpretações diferenciadas e questionadoras. O espectador – destinatário do espetáculo – transformou-se em objeto de proselitismo para as novas reformas políticas e sociais propostas como urgentes e necessárias. Os grupos que mais cristalizaram tal prática foram o Teatro de Arena, o Grupo Opinião e, de forma mais engajada e militante, o CPC, de Vianinha. Ressalve-se que o primeiro levou a participação ativa da plateia às últimas consequências através da diluição das estruturas teatrais em prol da difusão participativa de seu ideário – cite-se como um exemplo, entre outros, o Teatro-Jornal e, na sua radicalização, o Teatro Invisível. No que concerne ao CPC, concentrou-se na prática do teatro de *agit-prop* visando à transferência dos meios e modos de produção para as massas exploradas. Basicamente, as estruturas tradicionais do teatro cederam terreno a práticas que almejavam, em primeiro lugar, o teatro como caudatário do exercício revolucionário. No pós-1968, o Grupo Opinião, perseguido pela repressão e pela censura, preferiu enveredar pelo terreno da metáfora política a corporificar seus objetivos e programas. Quanto ao CPC, o AI-5 eliminou-o do panorama teatral. No que tange ao Arena, seu grande mentor, Augusto Boal, deu seguimento à teorização iniciada na fase dos musicais, com a elaboração do Sistema Coringa, e que culminou na poética do Teatro do Oprimido – trabalho desenvolvido, no Brasil, até o ano de 1973. Aliás, esse ano assinala o exílio, causado pela repressão, das duas figuras mais expressivas do teatro da época: José Celso Martinez Corrêa e Augusto Boal.

O terceiro bloco da plêiade mencionada apresenta grupos que, embora alguns tenham se iniciado com uma teorização brechtiana ou sido influenciados por Artaud ou Grotowski, desenvolviam um trabalho calcado em nova visão social do homem. No entanto, mesmo não descartando, por vezes, o aspecto político e sendo também seu objetivo a alteração do *status quo*, centravam-se numa visão existencial-metafísica a nortear processos e linguagens. Propugnavam e desenvolviam, junto aos seus destinatários, propostas renovadoras, concebendo-os, entretanto, como seres passíveis de alterações sociais e comportamentais sob a ótica de uma ideologia que tinha como foco a reforma individual. O grupo paradigmático dessa tendência foi o Teatro Oficina, cujo líder, José Celso, impregnou a trajetória do grupo, de 1961 a 1973, com suas ideias e sua presença. As antigas estruturas teatrais cederam lugar a práticas e teorizações que objetivavam, predominantemente, dissolver o fenômeno teatral num autêntico ritual, o qual visava tornar o teatro um evento comunitário e, enquanto tal, inteiramente desvinculado de qualquer compromisso estético ou institucional. A acepção "comunidade", na evolução desse processo, em sua última fase, passou a representar o objetivo maior do desempenho e das práticas adotadas. Desse modo, a vivência coletiva e a busca pela integração, proposta como transformadora, passaram a utilizar-se do teatro como mero ferramental. Era comum a menção de uma volta ao ideal de integração que marcou o teatro grego, usual nas elaborações e teorizações do seu líder, – isto é, o teatro como princípio de conhecimento e manifestação; contudo, não se aludia jamais à impossibilidade dessa transposição para o presente e, muito menos, aos escolhos gerados pelas mudanças histórico-sociais que marcaram a evolução teatral no Ocidente.

Esta sucinta análise, na verdade, pretendeu mapear o instigante caminho percorrido pelo teatro brasileiro na sua evolução: partindo de um teatro praticado como continuidade dos padrões herdados da década de 1940, seu desenvolvimento espraiou-se para uma profunda reelaboração a partir de novas ideias e tendências gestadas em sua modernização, levando a novos caminhos e processos tendentes a reproduzir e retratar as realidades político-sociais para dar conta do enfrentamento do pleno vigor da indústria de produção em massa, que desde então se apoderou do nosso mercado cultural. Sem dúvida alguma, as alterações e propostas demonstraram um estado de pujança e o seu desabrochar futuro continha, além de promessas e acenos interessantes, propostas de meios e modos renovados.

Suporte Teórico-Reflexivo

De modo mais específico, deve-se ressaltar, como aspecto importante, o papel desempenhado pela crítica desde a década de 1940. Num primeiro momento (renovação impulsionada pelos amadores), a crítica militante agiu preferentemente num sentido pedagógico e, além de seu papel crítico, atuou como divulgadora e orientadora dos rumos futuros. Após a sedimentação trazida a reboque da criação em 1948, em São Paulo, do TBC (modernização do repertório e dos processos cênicos e produtivos) e da EAD (Escola de Arte Dramática) (atualização técnico-interpretativa), o florescimento da fase seguinte, tomando-se como eixo o Teatro de Arena e o Teatro Oficina, fez com que essa reflexão enveredasse para caminhos mais complexos. A geração crítica de então, formada basicamente numa visão eurocêntrica, utilizava seu instrumental ora de formas mais flexíveis, ora mais renitentes com relação às mudanças vivenciadas nos vários níveis do teatro praticado. Concentrava-se nos aspectos cênico-interpretativos e comunicacionais, procurando, porém, eventualmente a contragosto, situar-se e apropriar-se dos novos modos e processos. A dramaturgia – área mais afeita, na época, ao trabalho de gabinete – constituía-se, em grande parte, num elemento retardatário da modernização – apesar da estreia, em 1943, de *Vestido de Noiva*, considerada, com toda justiça, o divisor do velho e do novo teatro. As demais áreas, possivelmente por sua carga eminentemente prática – daí mais visível –, assumiram os mais variados matizes e procederam a inovações tantas quantas foram capazes de assimilar e implementar. Considerando-se que o contato com os centros internacionais tornara-se mais fácil e habitual, estimulado por meios de transportes e comunicação mais rápidos, alterou-se a defasagem que historicamente nos atingia em termos de atualização cênica. Todavia, a precocidade dessa atualização significou, em muitos casos, confusões e até mesmo descaminhos causados pela afoiteza em atingir o nível do teatro internacional. O descompasso entre o teatro praticado e o idealizado marcou muitos projetos e sonhos, apresentados na época como soluções e aberturas para caminhos de um teatro possível.

Alguns críticos e teóricos, militantes de órgãos da imprensa, mostraram-se cautelosos, outros condescendentes com relação a pretensas "novidades" que nem sempre visavam inovar, mas, muitas vezes, reequacionar o teatro tradicional, substituindo-lhe formas e funções. Ao lado deles, alguns poucos, nostálgicos de uma "tradição brasileira" preterida pela modernização, ou se omitiram ou, caso comum a partir de 1969, transferiram-se para o meio universitário, lugar de refúgio de boa parte dos profissionais alijados do teatro ou perseguidos pela repressão política. No geral, esta questão do reposicionamento, muitas vezes de rejeição da crítica, torna-se mais aguda se a ela adicionarmos a grande transformação, iniciada mais ou menos nesse período, por que passou a mídia escrita: os costumeiros artigos de rodapés, os suplementos culturais e as revistas especializadas foram se extinguindo ou rareando cada vez mais, concomitantemente à redução cada vez maior, nos jornais e revistas, do espaço dedicado às atividades cênicas. Para citar apenas um caso: o Suplemento Literário de *O Estado de S. Paulo*, fundado em 1956, ano em que passou a se constituir num *locus* privilegiado não só do teatro, mas das artes e das letras em geral, teve suas atividades encerradas em abril de 1967; nenhum outro veículo substituiu-o ou, mesmo, assumiu o relevante papel por ele desempenhado durante toda sua existência.

É em meio à aceleração dessas mudanças significativas no começo da década de 1970 que devemos inserir alguns trabalhos críticos de Anatol Rosenfeld, parte ora publicados e parte incluídos em outros livros póstumos do autor.

Trajetória do Pensamento Crítico

Ao percorrer esses trabalhos nota-se, numa análise de conjunto, que suas observações sobre o teatro brasileiro sempre buscaram uma visão abrangente para, a partir dela, emitir juízos críticos consistentes. Assim é que, desde o ensaio "Panorama do Teatro Brasileiro Atual", de 1967, passando por "O Teatro Brasileiro Atual", de 1969, e "O Ano Teatral de 1970", publicado no início de 1971[2], a sistemática adotada envolve uma análise crítico-informativa – provavelmente porque configuravam a colaboração, ao longo dos anos, para a *Revista Humboldt*, órgão bilíngue de circulação tanto na Alemanha quanto no Brasil –, seguindo-se uma espécie de balanço crítico-estético. O cruzamento da análise estética com esse balanço respaldava-se em várias áreas culturais para propor uma visão da realidade em estudo: o contexto é examinado num espectro que une extensos conhecimentos estéticos, filosóficos, sociológicos e outros, procurando fornecer um diagnóstico específico. Não se trata apenas de informar, mas também de situar e apontar caminhos e descaminhos. O analista não fecha o exame em torno de um posicionamento ideológico: quando este ocorre, se dá como convite ao diálogo e à participação do leitor. A leitura comparativa dos ensaios espelha

---

2. A presente coletânea inclui o primeiro desses trabalhos; ver, infra, p. 53-60. Os dois últimos ensaios constam de *Prismas do Teatro*, São Paulo/Campinas: Perspectiva/Edusp/Unicamp, 1993, p. 149-172 e p. 179-188, respectivamente.

o envolvimento do autor com o assunto e, para além disso, uma preocupação constante com a evolução do teatro a cuja modernização assistira como espectador interessado[3].

Em *Teatro em Crise: Caminhos e Descaminhos*, duas posturas em especial, entre outras, devem ser apontadas como recorrentes: a primeira refere-se à abordagem de Nelson Rodrigues, tanto o homem quanto a obra. Se esta é vista sempre como essencial na modernização do teatro brasileiro, o homem é criticado naquilo que o caracterizou desde o início da atividade jornalística: o frequente recurso à *boutade*, da qual invariavelmente se aproveitava, a partir de sua preeminência pública, para atingir alvos pessoais. Se no caso de "Panorama do Teatro Brasileiro Atual", seu papel na história do nosso teatro é reconhecido, isso não impede considerar que uma análise global de sua dramaturgia, em sua quase totalidade, esteja na esteira da tradição que remonta a Martins Pena; ou seja, a linha adotada por Nelson Rodrigues é a da comédia de costumes, com claro objetivo de crítica moral (mesmo no caso de *Vestido de Noiva*, apesar de seu viés psicológico) e, nesta linha, inserindo-se em nossa tradição brasileira a partir da obra do

---

3. Vale assinalar como marco inicial desse interesse pelo teatro brasileiro que o capítulo 5 de seu livro *Prismas do Teatro* ("Que é *mise-en-scène*?"), na verdade é a transcrição de uma série de artigos enfeixados sob o título "Teatro, uma Necessidade Social" (*O Que Se Precisa Saber Sobre o Teatro*), publicada no *Correio Paulistano* em 25 maio 1951. Vivia-se, então, o auge da modernização teatral com franca hegemonia do TBC, que o teria levado a elaborar a série de artigos, que se iniciam com a seguinte ponderação: "A cena brasileira atravessa atualmente uma fase de renascimento. Escolas dramáticas transmitem a jovens de talento as noções da arte de representar, o número de palcos aumenta, encenadores e diretores de tirocínio e capacidade procuram levar à cena peças de real valor.

Concomitantemente, cresce cada vez mais o número de autores brasileiros que começam a se interessar pela criação de obras dramáticas, na certeza de que já não terão de guardá-las na gaveta. Há um 'mercado' para as suas peças. Hoje, podem contar com representações condignas e com um público crescente, cada vez mais interessado em um teatro real, de alto nível, ao invés de procurar evasão ou distração superficial, assistindo a farsas chulas e infantis, sem verdadeiras raízes populares." Tais reflexões denotam o interesse de quem acompanhava nosso teatro com cuidado e atenção.

seu primeiro comediógrafo. Por outro lado, suas *boutades* são ironizadas e desmascaradas, já que ele investe contra o patrocínio oficial ao teatro paulista sem maiores considerações, simplesmente denegrindo a qualidade do teatro praticado[4]; ou então quando, apesar de não citar expressamente o dramaturgo carioca, Anatol Rosenfeld responde sarcasticamente a uma sua declaração de que o ator não costuma ser inteligente[5]. Nesses exemplos pode-se detectar o posicionamento firme, mas sempre elegante, de quem discorda mas faz questão de apresentar razões sólidas seja para uma defesa (no caso da depreciação da figura do ator), seja para um ataque ao chauvinismo rodriguiano em relação a uma suposta inferioridade do teatro paulista.

Outra postura recorrente encontra-se no trato de uma das figuras mais importantes e, talvez até hoje, mais injustiçadas da prática teatral: Jorge Andrade. Ao longo das análises e balanços, a ausência do dramaturgo paulista é uma constante nos comentários: a grande qualidade da obra e o relativo desprezo a que é relegada pelos encenadores sempre volta à baila. São criticados os objetivos comerciais dos espetáculos em cartaz em detrimento da encenação das peças do autor de *A Moratória*[6]. Já em outro artigo, "Jorge Andrade, o Incompreendido", sua crítica é direta e ferina, aludindo à incompetência valorativa na escolha de repertório de nossas companhias[7]. Finalmente, num dos últimos trabalhos, um diálogo franco e aberto com Jorge Andrade permite a este, dentre outros pontos, colocar-se dignamente como "ex-dramaturgo" que antevê na televisão o reconhecimento negado pelo teatro, ao qual se dedicou, desde o início, com paixão e talento[8].

Um ponto ainda a salientar no âmbito das preocupações de Rosenfeld é a atenção dispensada ao teatro amador:

---

4. Ver Subvenções e Progresso Teatral, infra, p. 61-64.
5. Ver Molière, o Burro, infra, p. 119-120.
6. Ver Peça Nacional, Só Quando Barata?, infra, p. 62-64.
7. Ver, infra, p. 64.
8. Ver a entrevista Teatro ou Televisão?, infra, p. 68-76.

pode-se dizer que já em 1966 constata-se um posicionamento e uma defesa do teatro feito fora do circuito tradicional[9]. Nesse artigo há todo um ideário a partir do qual é demonstrada a abrangência de seu pensamento, no que este se relaciona ao teatro de forma geral. Se em 1966, estimulado pelo contexto, elaborou um projeto com vistas a um trabalho culturalmente proveitoso e pedagogicamente estruturado[10], nesse mesmo ano, ao comentar o espetáculo *Morte e Vida Severina*, montado pelo Tuca[11], não poupa elogios e considerações aos pontos positivos da experiência, ao mesmo tempo em que aponta aspectos a serem corrigidos. O duplo olhar interessado expressa-se em comentários que, afora indicar os aspectos positivos, concomitantemente não deixam de apontar falhas ou equívocos sempre sanáveis num trabalho amador. Nesse viés, é interessante notar, além dos textos citados, suas observações sobre a necessidade de se estimular a imaginação através do teatro[12], assim como os vários artigos sobre teatro popular e teatro amador e, como exemplo de posicionamento sobre o assunto, a longa polêmica com o titular do Persan (Grupo Teatral Perspectiva de Santos), Otto Buchsbaum, iniciada em 1968[13] e que se prolongou até fins de 1970. Acresça-se o detalhe de que essa polêmica envolveu, inclusive, uma atitude de defesa e justificação de decisões tomadas pela CET (Comissão Estadual de Teatro), pela qual Rosenfeld respondia como conselheiro.

Por último, outra recorrência diz respeito ao teatro que batizou, num desabafo, de "teatro desenfreado"[14]. A

---

9. Ver Teatro na Hebraica, infra, p. 87-92.
10. O trabalho foi apresentado para o clube A Hebraica, de São Paulo, que constituiu uma comissão, sob a presidência de J. Guinsburg, para fazer um estudo visando à reorganização do seu teatro amador. Coube a Anatol Rosenfeld a redação das conclusões dessa comissão.
11. Ver, infra, p. 194-200.
12. Ver Valor Educativo da Arte Dramática, infra, p. 92-93.
13. Ver Duas Notas Teatrais, infra, p. 93-95.
14. Ao resenhar o ano de 1971, o termo em alemão suaviza-se: *Entfesseltes Theater*, sugerindo a ideia de um teatro que soltou suas amarras. Ver Teatro Sem Grilhões, infra, p. 141.

partir de 1968, e aprofundando-se ao longo dos anos, seu foco quase constante dirigiu-se ao solapamento da linguagem teatral nos espetáculos dirigidos por José Celso – em sua condição de diretor e integrante do Teatro Oficina. As restrições críticas concentravam-se naquilo que lhe parecia uma guinada rumo à violência gratuita e ao desvario de um irracionalismo nefasto e destruidor. Observe-se, no entanto, que seus argumentos jamais passaram ao nível pessoal, permanecendo na argumentação estético-filosófica: os procedimentos inspirados pelas novas vogas europeias, acentuadamente Artaud e Grotowski, pareciam-lhe instauradores de um teatro complexo e de difícil manuseio pelo ferramental teórico-prático adquirido pelo teatro brasileiro na então recente renovação e atualização. Sua argumentação, calcada em sólido conhecimento estético, espraiava-se para os equívocos cênico-comunicacionais da obra artística veiculada por essas práticas.

No que concerne às práticas "de choque" utilizadas por José Celso para a consecução de seus objetivos, comentou Anatol Rosenfeld que não cabia às vanguardas a função principal de "provocar uma contínua experiência de choque, para dessa forma ferir o *establishment*, embora esse momento possa estar presente, de um modo mais ou menos propositado"[15]; observou que as mesmas não constituíam uma novidade, já que remontavam, na cultura ocidental, ao romantismo e, de maneira mais agressiva ("o 'tudo é permitido' de Kandinsky"), aos ismos de fins do século XIX começos do XX. Embora admitindo a validade das novas proposições, ressaltou que as radicalizações, "enquanto não se tratam de meras mistificações, esnobismos e tentativas de conquistar mercados manipulados pelo comércio da arte internacional, atuam sobretudo com o intuito de pesquisarem, através de experimentações várias, novas estruturas estéticas, capazes de assimilarem plenamente as novas

---

15. Vanguarda em Questão, *Tempo Brasileiro*, n. 26-27, 1971. Incluído em J. Guinsburg; Plínio Martins Filho (orgs.), *Sobre Anatol Rosenfeld*, São Paulo: Com-Arte, 1995, p. 145-146.

concepções sobre as novas realidades ou sobre realidades entrevistas, vislumbradas ou almejadas"[16].

Os procedimentos cênicos adotados pelo Oficina, eivados principalmente de irracionalismo e violência explícita, contrariavam de modo flagrante essas considerações e, vistos meramente como tratamento de choque tendiam "a ser consequência, mas não necessariamente objetivo ou função principal, de uma obra que, de forma renovada, exprime uma visão nova de novas realidades"[17]. Mesmo ao admitir, por hipótese, o uso do choque, prescreve-o para um uso tópico: "É verdade que o *establishment* tende hoje a capitalizar algo dos choques com que certas vanguardas procuram traumatizá-lo. Suponho, porém, que sejam consumidos choques selecionados e diluídos, mercê da montagem de parachoques"[18]. Relativizando, portanto, a função renovadora do uso do choque, conclui seu comentário ironizando esse equívoco estético ao fazê-lo descer ao nível fisiológico: "Algumas vezes, decerto, o *establishment* digere choques que lhe causam prisão de ventre e dor de barriga. É provável que, mesmo diluídos, os choques acabem resultando num abalo de estruturas rígidas, através da lenta e subterrânea transformação da sensibilidade, das convenções e do comportamento."[19]

Como se nota, um tema complexo a envolver profundas análises. Por outro lado, na sua argumentação não se questiona o contexto social ou sociológico no qual se dava esse teatro: obviamente, a lógica de produção e consumo deste estava inserida num contexto capitalista, para plateias e destinatários burgueses que, enquanto tais, dificilmente aceitariam a violência e a agressividade empregadas nos espetáculos feitos sob essa ótica. Na arguta análise de J. Guinsburg,

o seu pendor [de Anatol Rosenfeld], a sua característica e a sua escritura foram as de um crítico dotado de um pensamento

16. Ibidem, p 146.
17. Ibidem.
18. Ibidem.
19. Ibidem.

essencialmente crítico-analítico, em sínteses originais. Isto naturalmente significou uma abordagem diferenciada, no curso dos anos e, conforme os aspectos específicos, do tópico aqui em foco [o irracionalismo]. Mas nunca em todos esses casos lhe ocorreria decretar a falência da racionalidade. A história da loucura não justificaria, para ele, a recusa do juízo de razão, nem o positivismo lógico o levava a submetê-la ao primado da linguagem.[20]

A ética e polidez da participação de Anatol Rosenfeld nos debates sobre as inovações propostas pelo Oficina foram sempre as usuais no seu trato intelectual. No entanto, as réplicas e comentários de José Celso não seguiram esse tratamento profissional: as defesas feitas por ele na época e posteriormente desbordaram para o nível pessoal:

Nós, que fazemos o trabalho, pegamos nas cordas, sabemos o que significa "fazer" como revelação de toda a incógnita que ainda é nossa missão e função dentro dessa sociedade em mutação. Ao contrário dos que estão por fora, como o Anatol Rosenfeld [...]. O Anatol, aliás, aproveitou a oportunidade de ter o bastão nas mãos para limpar os ouvidos. Ele pensa que nós exercemos uma função de dope, mas qual espetáculo teatral suscitou essa quantidade de grupos e rodas discutindo por horas e horas na sala, sem abandoná-la? Quem saiu alienado? Dopado? Somente os que já estão e não quiseram se abrir, dopados por um racionalismo de tipo aristotélico dos sábios de Florença, repetidores de fórmulas e impotentes para entender a grande revolução que se opera no mundo ocidental.[21]

Há dois ataques infundados: contra o "racionalismo de tipo aristotélico" e a acusação de alienação fundada na repetição de fórmulas que ignoram as transformações então em curso no Ocidente. Sendo Anatol o pensador que é o maior divulgador da obra e pensamento brechtianos, jamais poderia ser acusado de defensor de um aristotelismo

---

20. J. Guinsburg, Anatol Rosenfeld e o Irracionalismo, *Revista USP*, n. 11, set.-out.-nov. 1971, incluído em J. Guinsburg; P. Martins Filho (orgs.), op. cit., p. 171.
21. J.C. M. Corrêa, Ver Com os Olhos Livres, em Ana Helena Camargo de Staal (org.), *Primeiro Ato: Cadernos, Depoimentos, Entrevistas (1958-1974)*, São Paulo: Editora 34, 1998, p. 195-209.

ultrapassado: sua obra desmente totalmente a acusação. Quanto ao segundo ataque, de que ignorava "a grande revolução" em curso no mundo ocidental da época, obviamente ele não teria legado a grande quantidade de análises e reflexões sobre áreas as mais variadas da cultura ocidental e brasileira caso fosse o "ignorante" e "alienado" sugerido. Em resumo, os dois ataques são despropositados e carecem de fundamento na obra rosenfeldiana. Com o exílio de José Celso do Brasil, em 1973, e com o passar dos anos, contudo, ainda assim seus ataques continuaram no plano pessoal: ao responder, em 1980, às críticas de Rosenfeld (de 1968) contra a violência e a provocação gratuitas de *Roda Viva*, seus argumentos revestem-se de tons francamente desagradáveis:

Bom, mas essa é a visão dos óculos dele, não é? Inclusive, no *Gracias, Señor* (1973), eu cometi a violência de tirar os óculos dele, segurar nele... tocar no Anatol! Para ele deve ter sido uma violência, para mim, na verdade, era um ato de amor, amor pela pessoa física dele, pela pessoa concreta. Esse gesto pode ter sido interpretado como uma violência, quando era um gesto de amor. Eu queria também, carinhosamente, pegar o guarda-chuva dele, quer dizer, os óculos e o guarda-chuva da personagem construída dele, quer dizer, os óculos e o guarda-chuva da personagem construída por ele, entendeu? Porque o Anatol é um homem admirável, mas vestia essa personagem de óculos e guarda-chuva.[22]

Em outro texto, após fazer um elogio da violência que, com base na revolução praticada pelo Oficina, instauraria o novo, voltou outra vez ao ataque pessoal[23]. Sua

22. Ibidem.
23. "Eu tenho o maior respeito pelo Anatol mas, no caso, apesar do grande carinho que sempre senti por ele [...] O que ele fez com *Roda Viva* foi mais ou menos a mesma coisa que os sábios da Igreja fizeram, naquela cena em que o Galileu vai mostrar, com o telescópio, que a Terra não é fixa e gira em torno do céu [...]. Aí a crítica boiou e ficou chamando a gente de 'irracionalista'. Uma crítica tão racional, tão racionalista que ficou como os sábios da Igreja diante do telescópio. [...] o Anatol participava de muitas coisas, era uma pessoa muito importante em nosso meio, mas ele era o que chamávamos e chamamos de 'intelectual clássico'. É claro,

argumentação e defesa cristalizaram-se, no tempo, em torno da ideia da suposta redução racionalista nas críticas de Rosenfeld e, mais tarde, em 1997, José Celso passa a defender a sua "razão" como uma razão que não seria a do colonizador – categoria que o incluiria. Segundo ele, haveria uma percepção mais instintiva e intuitiva por parte dos brasileiros que seria diametralmente oposta àquela dos "replicadores" da cultura europeia[24]. Os conflitos passaram a envolver outros críticos, não se restringindo, portanto, a Anatol Rosenfeld (cite-se, em especial, a polêmica entre José Celso e Sábato Magaldi, outra face do assunto)[25]. Nesse passo, acrescente-se que essa onda de irracionalismo e misticismo veiculados principalmente por José Celso desbordou para outros grupos teatrais[26]. Ao analisar o poder deletério desses procedimentos, a preocupação de Rosenfeld centrou-se especialmente na difusão e consequências do chamado teatro não verbal, o qual definiu nos seguintes

---

tinha coisas muito legais, foi fundamental, mas sendo um intelectual clássico, tradicional de certo modo, as coisas novas muitas vezes o chocavam, ainda que por mim, eu acho, eu tenho certeza que, no íntimo, o Anatol sem óculos, guarda-chuva e terno devia ter uma atração enorme por tudo o que fazíamos. Porque, como homem inteligente, ele devia ser também muito contraditório. Mas tinha a máscara... e também é a tal história do professor alemão, com todo aquele caos erótico dentro dele, aquela violência erótica dentro dele e aquela disciplina férrea da razão, para conter o medo que o fascismo enfia na gente". Passando a Limpo, em A.H.C. de Staal (org.), op. cit., p. 293-326.
24. "Falta a ele [Anatol Rosenfeld] a compreensão da especificidade do Brasil. [...] Tanto a [cultura de classe] dele como a do [professor de literatura] Roberto Schwarz. Uma ideia eurocêntrica não perceberia [a razão não colonizada], e São Paulo sempre foi uma feitoria internacional. [...] Em *Gracias, Señor*, eu tive a audácia de tirar os óculos e dar um passe [espiritual] nele, com plantas. Eu tive a generosidade de tentar vê-lo fora da figura, porque eu gostava, gosto dele. Aquele guarda-chuva, aquele professor alemão clássico." Entrevista a Nelson de Sá e Otávio Frias Filho em *Folha de S.Paulo*, caderno *Mais*, 31 ago. 1997.
25. Ver Resposta a uma Agressão, em Sábato Magaldi, *Depois do Espetáculo*, São Paulo: Perspectiva, 2003, p. 301-312.
26. Ver, de Anatol Rosenfeld, especialmente os capítulos Irracionalismo Epidêmico; Individualismo e Coletivismo; Living Theatre e o Grupo Lobo; e Os Demônios do Tuca em *Prismas do Teatro*, p. 207-230.

termos: "Uma forte tendência antiverbal e antiliterária, favorável à pura 'expressão corporal', alastrou-se nos fins da década de 1960 pelo teatro internacional e brasileiro, em parte sob a influência da mística eletrônica de Marshall McLuhan. De forma mais específica, atuou a influência do Living Theatre, cujos diretores manifestaram [...] o seu desprezo radical pela palavra."[27]

Por fim, o suposto vezo europeu das análises de Anatol Rosenfeld, que limitaria seu ângulo de visão com vistas aos novos procedimentos na linguagem cênica, afigura-se-nos infundado e injusto. "Reducionista" ou "reacionária", por exemplo, são adjetivos que jamais poderiam ser aplicados a sua postura aberta diante das práticas do Teatro de Arena, cujo Sistema Coringa mereceu, de sua parte, extensa análise para lhe apontar tanto méritos quanto falhas. Além disso, e pela mesma época, estimulado pela sistematização elaborada por Augusto Boal na sua poética, fez extensas reflexões sobre a possibilidade ou não da existência da figura do herói no teatro moderno – reflexões em que examinou não somente a dramaturgia e a teorização do Arena, como também as dramaturgias de Dias Gomes e Jorge Andrade, nas quais grandes personagens foram construídas em torno da figura e da função do herói moderno.

Ainda, é oportuno mencionar outros dois temas abordados por ele como característicos do teatro então praticado: o uso hegemônico do corpo no espetáculo teatral e a expansão da produção com base no processo colaborativo – ou o chamado teatro coletivo. O ano de 1973 é paradigmático nestes dois aspectos, assinalando o início da predileção avassaladora, nos meios teatrais, pelo teatro corporal ao mesmo tempo em que, no âmbito da produção e expansão dos grupos teatrais – doravante em ritmo crescente devido à chegada ao mercado dos elementos formados pelas universidades –, os processos cênico-produtivos enveredam maciçamente para o trabalho em grupo e/ou colaborativo.

---

27. Ver infra, p. 71, n. 10.

Na raiz do fenômeno está principalmente a falência do esquema empresarial instaurado pelo TBC e congêneres, aguçado tanto pelo cessamento ou supressão dos mecanismos de financiamento público quanto pela crise econômica e agravada pelo decréscimo do público. Todavia, não é esse o caso e nem o espaço para nos estendermos sobre o assunto. Aliás, no que se refere à questão da diminuição do público, ao se servir de números inquestionáveis baseados em pesquisas elaboradas pela CET, Rosenfeld teceu, em inúmeros artigos, considerações sobre o problema. Num dos últimos artigos escritos[28], abordou o assunto escorado em dados oficiais e, a partir deles, vinculou o problema da ausência de público tanto à questão estética da linguagem cênica quanto aos processos produtivos, inserindo ambos no contexto da crise social, político e cultural: "A crise do teatro, esperamos, não é crônica e de essência […] e sim de ordem acidental […] Ao vermos, no palco, o drama do palco, vemos bem mais, se preenchermos bem, como cabe ao público teatral; pois apesar de tudo ainda vale a velha palavra de que as tábuas do palco representam o mundo."[29]

Portanto, a questão da linguagem cênica não pode ser vista, como sugere José Celso, como reacionarismo ou reducionismo. A obra de Anatol Rosenfeld revela um posicionamento baseado numa disponibilidade crítico-intelectual permanentemente aberta às inovações e à evolução. A formação recebida na República de Weimar impedia-o, diga-se de passagem, de desvio ou omissão perante práticas inovadoras e/ou processos que visem uma atualização teatral com vistas às transformações sociais e políticas. Ir em sentido contrário seria negar e rejeitar em bloco sua contribuição contínua e de alto nível ao teatro brasileiro.

Seu olhar sempre esteve atento ao teatro na sua feição integral: não era seu feitio trabalhar com predileções pessoais – evidente que as tinha, porém a visão de conjunto era

---

28. Imaginação e Criatividade, *Fato Novo*, jul. 1970.
29. Teatro em Crise, *Prismas do Teatro*, p. 257.

seu ponto de partida e de chegada. Sob esse ângulo, para se ter uma ideia do seu grande tirocínio não se pode deixar de mencionar o artigo "Uma escola de crítica teatral", no qual traça em largas pinceladas qual seria o papel da crítica escrita: "seu objeto é a mais fugaz das artes [o teatro]. Todas as outras têm permanência – no livro, mármore, tela, película disco. Porém o teatro se concretiza somente no instante da representação, nesse convívio criativo entre palco e público, e não há meio para fixar esse fenômeno"[30].

Ele vê na crítica uma função indispensável, principalmente para o ator: "Ao contrário dos outros, ele não vê a sua obra, não pode apreciá-la objetivada, separada dele". Além disso, é fundamental também para o encenador, que "está demasiado envolvido no espetáculo para que suas observações críticas possam ser formuladas com objetividade distanciada, e o reflexo do público define mais o efeito do que a essência da obra moldada pelo ator no material do próprio corpo". Para ambos, ator e encenador, "somente o crítico pode servir de espelho, além de lhe garantir certa sobrevivência, pelo menos na dimensão da palavra", visto que representaria um "espaço acústico" das atividades cênicas. Vai mais longe, ao sugerir uma fórmula possível para seu desempenho:

Os ângulos da crítica teatral são múltiplos, visto o espetáculo ser uma síntese de muitos elementos. É evidente que cada crítico, segundo formação e tendências individuais, dará destaque variável aos elementos que integram a totalidade do espetáculo. Com as funções do crítico militante, porém, fundem-se ainda as do repórter e cronista, por vezes historiador e sociólogo, pois o leitor de jornal precisa ser informado sobre o acontecimento como tal, em alguns casos sobre a reação do público, por vezes sobre a localização da estreia no contexto histórico do teatro brasileiro.[31]

O nível de exigência, como se vê, é elevado, mas ele acrescenta ainda a competência necessária do crítico, que

30. Ver Uma Escola de Crítica Teatral, infra, p. 77.
31. Ibidem, p. 78-79.

deve possuir "em alto grau o 'olhar duplo', necessário para distinguir os méritos e falhas que cabem à peça, ao diretor e ao ator". Tudo em prol do destinatário: "o leitor de jornal exige que se lhe separe o joio do trigo [...] principalmente quando se trata de peças mais complexas ou de teor insólito, coisa muito frequente na época do Teatro do Absurdo e de constantes experimentos cênicos, por vezes significativos, cuja elucidação requer a mediação do especialista"[32].

Acreditamos firmemente que muitas dessas ponderações sobre a crítica teatral servem-lhe como uma luva. Aliás, tão grande é a importância que a ela devotou que em "Palco + Platéia", ao saudar o aparecimento da revista especializada, voltou a comentar a necessidade da existência da crítica, a pobreza em publicações do gênero à época, e lamentou "amargamente a falta de intercâmbio de informações entre os centros teatrais do Brasil"[33].

Disso tudo resulta clara sua postura com relação à importância do diálogo e da necessária abertura ao novo e ao experimental embasados em conhecimentos críticos da análise e da reflexão teatrais. Chamar essa visão como típica de alguém alienado da cultura brasileira, a brandir os cânones nostálgicos de uma mítica cultura germânica puramente racional, parece-nos uma manifestação de desprezo, em alto grau, da evolução do teatro brasileiro no período, bem como relegar seus participantes à condição de deficientes culturais. Muito – e há muito tempo – se tem discutido sobre o caráter "colonial" ou "colonizado" de nossa cultura (no modernismo deflagrado em 1922 o tema foi examinado e discutido à exaustão). Com relação ao teatro, já naquele evento, a pena de Alcântara Machado apontou o abrasileiramento da dramaturgia e do palco como um imperativo de desenvolvimento e sobrevivência para escapar à influência estrangeira; entretanto, essa transformação não poderia dar-se *ex abrupto*: ficou famoso seu receituário – primeiro

32. Ibidem, p. 80.
33. Ver, infra, p. 82-83.

copiar, depois aprender a fazer e em seguida trabalhar autonomamente. Numa outra chave, ao se transpor a polêmica para a fase tropicalista – nos termos em que respaldou algumas criações excelentes do movimento, outras nem tanto –, é oportuno frisar que o esgotamento da influência da Tropicália nas elaborações de José Celso forçou-o à derivação para outras correntes e motivações (misticismo, contracultura, pós-modernismo).

Aliás, quanto ao peso excessivo dado por Rosenfeld ao texto dramático, julgamos que o tema deve ser visto sob vários ângulos, notadamente o estético e o da práxis teatral. Quanto ao primeiro, ao longo de toda a sua obra o texto sempre é visto como um componente que a semiologia chama de sistema sígnico e que faz parte do espetáculo. Entretanto, as críticas se dirigem ao espaço maior que dedicou ao texto escrito nas suas análises. Isso é verdade apenas em parte: por exemplo, ao resenhar *Panorama do Teatro Brasileiro*, de Sábato Magaldi. Rosenfeld destaca que fazia falta, na época (em 1962), uma história das concepções e das artes cênicas no Brasil, objetivo não perseguido por Magaldi pois, no teatro brasileiro, a literatura dramática sempre foi "enteada dos historiadores e dos críticos"[34]. O grande mérito de Sábato Magaldi foi fazer um levantamento sistemático para que, ao chegar à década de 1950, suas análises lhe permitissem agregar uma visão integralizadora da nossa historiografia. Esse exemplo, entre outros possíveis, é indicativo de que o texto absolutamente não tinha preponderância, em suas análises, sobre os demais sistemas sígnicos do espetáculo. Ao contrário: em todas as suas reflexões estéticas sempre foi destacado que o texto é, apenas e tão somente, um componente dentre outros do espetáculo.

O fato é que o teatro, como um todo, sofreu grandes mudanças, advindas da alteração da cultura mundial e da brasileira em especial. Cabe, finalmente, adicionar a figura de Alfredo Mesquita como o incentivador da eleição, feita

34. Ver infra, p. 48.

por Rosenfeld, do teatro como principal foco de seu pensamento: foi dele o convite, em 1960, para que aceitasse colaborar como professor na EAD. O convite foi aceito não sem certa resistência, visto que Rosenfeld achava que precisava "preparar-se"[35]. Sua entrada na EAD teve o grande mérito de concentrar seu interesse, a partir de então, no teatro: "A EAD mudou o rumo do meu interesse artístico-literário, das minhas leituras. Antes, apenas gostava do teatro. hoje, sou um apaixonado pelo teatro."[36]

Assim como ele, também Alfredo Mesquita debateu-se, em 1969, com os confrontos gerados pelos posicionamentos e práticas das novas gerações. Foi diretor da EAD, já então incorporada à Universidade de São Paulo, e esteve decepcionado e insatisfeito, não apenas com a prática teatral, mas também com atitudes rebeldes e contestatórias de alguns elementos do meio teatral e das turmas ingressantes na escola recém-incorporada[37]. Nesse ano, renunciou ao cargo e retirou-se aos afazeres particulares, recusando-se a continuar assistindo a um teatro do qual discordava: alegava que o mesmo destoava daquele no qual se formara e em que acreditava. Voltou a assisti-lo pouco antes de sua morte em 1986. Ao elogiar *Fedra*, de Racine, sob a direção de Augusto Boal, e *Katastrophé* (baseado em quatro peças de Beckett), dirigido por Rubens Rusche, concluiu:

Não, o teatro nacional não vai tão mal assim. Ao contrário, antes se firma, cheio de qualidades, sólido, promissor, como provam estas representações de gêneros pode-se dizer opostos: a tragédia raciniana, brilhante em sua luminosidade clássica, a tragédia contemporânea situada, latente e latejante, nas profundas obscuras de um simbolismo negativista. A cada época o seu teatro.[38]

---

35. A. Mesquita, Rosenfeld e a Escola de Arte Dramática, em J. Guinsburg e P. Martins Filho (orgs.), op. cit., p. 68-69.
36. Ibidem, p. 70.
37. Maria Thereza Vargas, História da EAD, em MinC/FUNDACEN, *Dionysos – Escola de Arte Dramática*, n. 29, 1989, p. 65.
38. A. Mesquita, "*Fedra, Katastrophé*: Excelentes", *Jornal da Tarde*, 19 maio 1986, p. 16.

São palavras que refletem o apaziguamento advindo de um afastamento radical, por parte de quem hauriu seu alento e entusiasmo a partir dele. Outro caminho escolheu Anatol Rosenfeld: embora continuando seu trabalho intelectual de reflexão e análise, aproveitou a oportunidade para interferir no âmbito teatral de maneira direta e atuante.

O Ativista Teatral

Como sabido, Anatol sistematicamente recusou integrar-se ao meio universitário ou a qualquer outra instituição que não lhe permitissem um desempenho independente, não só no que tange a horários mas também pelo desinteresse por compromissos burocráticos e administrativos. As instituições para as quais trabalhou, principalmente a EAD, sempre lhe concederam total flexibilidade de horário, processos e conteúdo. Sua liberdade intelectual tornou-se marca distintiva do seu modo de ser. Essa liberdade e desvinculação institucional podem ser espelhadas pela opção – desde 1945 e até o fim de sua vida – pela profissão oficialmente adotada: a de jornalista. Foi a partir dessa especialização que desenvolveu, com continuidade e competência, a colaboração mais longeva do seu trabalho: para o Suplemento Literário de *O Estado de S. Paulo*, desde sua fundação até seu término em 1967. Afora essa colaboração jornalística contínua, mais longa foi a atuação como redator e repórter da *Crônica Israelita*, durante quase trinta anos, até o fechamento desse veículo em 1969. Nesse jornal da CIP (Congregação Israelita Paulista), criado e dirigido por Alfred Hirschberg, suas funções abarcaram uma gama imensa de áreas: da reportagem diária na cobertura de eventos os mais variados – sociais, culturais, institucionais e outros – ao trabalho crítico-reflexivo voltado para filosofia, política, história, antropologia, literatura e artes em geral, especialmente teatro e cinema.

Com a extinção do Suplemento Literário e da *Crônica Israelita*, passou a colaborar para vários órgãos da mídia escrita. Nos derradeiros artigos, nota-se que a participação maior deu-se na revista *Palco + Platéia* e no jornal *Fato Novo*. Talvez essa diminuição de canais comunicacionais na imprensa, bem como a índole combativa que procurava apoiar e incentivar um teatro mais vigoroso e aberto, tenham-no levado a buscar uma participação mais direta no âmbito teatral: de 1969 a 1970 foi conselheiro da CET, do Estado de São Paulo.

Abrimos um parêntese para lembrar que, no período em foco, os elementos que militavam no teatro profissional, sob as mais variadas formas, constituíam a chamada "classe teatral". Sem nos atermos a outras considerações que a expressão possa ensejar, podemos dizer que essa "classe" constituía, apesar de dissensões e altercações costumeiras, um *corpus* identificável quanto ao seu papel e objetivos. Mesmo questionando ou divergindo, seus integrantes exerciam uma participação constante em todos os atos ou eventos que, de uma ou outra forma, interferissem na vida teatral. Por outro lado, a concessão de verbas públicas anuais para a realização de trabalhos e projetos apresentados, no caso da CET dava-se da maneira a mais límpida e participativa possível: após as decisões dos conselheiros, transmitidas em audiências nas quais toda a classe participava, as discussões eram públicas e transparentes. O que se está querendo dizer, no fundo, é que a CET, apesar das críticas e comentários que possa ter recebido sobre sua atuação, assentava seu trabalho decisório visando chamar a si a participação da classe teatral. Como órgão de representação, cabia-lhe, além de estimular e apoiar o teatro, intermediar as magras e eternamente insatisfatórias verbas concedidas pelo poder público estatal com vistas a dar suporte e apoio ao teatro.

É possível que Anatol Rosenfeld tenha optado por colocar-se à mercê de tantos incômodos e conflitos proporcionados pela ingrata função pública – visto sua proverbial recusa a cargos institucionais – para colaborar mais intensamente no enfrentamento da crise pela qual passava o teatro, tanto do ponto de vista econômico quanto, principalmente, pelos efeitos deletérios causados pela repressão. A esse fator soma-se que sua "voz" (canais comunicacionais da mídia escrita) começou a ficar abafada, tendo em vista a diminuição do espaço crítico nos jornais e revistas. Ao analisarmos o contexto do teatro durante a ditadura militar, cremos encontrar fortes razões para essa decisão que, além de garantir-lhe uma interferência direta no meio teatral, proporcionava-lhe uma participação ativa. Outro fator, consequência dessa situação, deve ter pesado também: a dispersão generalizada que grassava no teatro profissional por conta da opção de alguns grupos por caminhos estéticos equivocados, agravada pela ameaça iminente aos principais criadores e líderes, e que instalou um clima tumultuado desde o famoso episódio da "devolução dos sacis". Para lembrar: em julho de 1968, cedendo aos pedidos da classe teatral, embora pessoalmente discordando, Cacilda Becker, como presidente da CET, chefiou ato de protesto para devolver as estatuetas concedidas pelo jornal *O Estado de S. Paulo* ao longo dos anos como premiação aos profissionais mais destacados. A repercussão mais séria e imediata significou a renúncia de Décio de Almeida Prado de sua função no jornal; voltando-se, a partir de então, para a docência na Universidade de São Paulo; sua ausência significou grave perda não só em termos de crítica militante, mas ainda pelo relevante papel que exercia à frente de várias instâncias de representação teatral. O episódio, acontecido alguns meses antes do AI-5 (dezembro de 1968), foi seguido pela repressão à atividade de Cacilda Becker, que foi demitida do canal de televisão em que atuava; voltando ao teatro, ela morreu em 14 de junho de 1969. Sucedeu-a Renata Pallottini, que convidou, entre outros, além do próprio Décio de Almeida Prado, Anatol Rosenfeld para integrar o quadro de conselheiros da CET:

Fui Presidente da Comissão Estadual de Teatro da Secretaria de Estado da Cultura, em São Paulo, entre 1969 e 1970, época do governador Abreu Sodré. Sucedia à inesquecível Cacilda Becker que, por razões pessoais (na verdade por razões ligadas à censura e repressão que sofríamos nesse período da ditadura), renunciara à Presidência do órgão. Eram meus companheiros, membros da CET, nessa ocasião, Décio de Almeida Prado, Sábato Magaldi, Hamilton Saraiva, Joe Kantor e... Anatol Rosenfeld, que já havia sido meu professor de Estética na Escola de Arte Dramática, Curso de Dramaturgia e Crítica, que fiz entre 1961 e 1963.

Anatol era o fiel da balança. Naturalmente, em certas ocasiões discordávamos e discutíamos critérios a serem utilizados quando do recebimento de pedidos de incentivo ou quando configurávamos comissões para outorgar prêmios. Anatol era sempre o último a se pronunciar e, quase sempre, a voz decisiva, serena e sem imposições. Era um democrata de nascimento. Eu não poderia ter sido Presidente da CET naquele período tão duro e penoso, se não fossem eles, os meus companheiros de Comissão e, principalmente, se não fosse ele, Anatol Rosenfeld, a voz da razão[39].

Rosenfeld, com intensa participação na reflexão crítico-teórica numa das fases mais importantes do teatro brasileiro – por mais de vinte anos dedicou-se à análise e ao entendimento do fenômeno teatral, ajudando na formação estética de gerações de pensadores e profissionais do teatro –, demonstrou, nessa empreitada, uma dedicação e atenção especial à cultura e ao teatro por meio do seu trabalho no Conselho da CET.

Diga-se de passagem, o reconhecimento de seu trabalho reflexivo e a competência de sua visão teatral proporcionaram-lhe, no órgão representativo, em algumas ocasiões, a posição implícita de porta-voz de decisões, atitudes e procedimentos: jamais se furtou a ela, ora justificando, ora rebatendo ou chegando mesmo à autocrítica. É o que se verifica, nessa linha, por exemplo, quando comenta:

Poucas encenações – entre as cerca de cinquenta – que São Paulo suportou, numa verdadeira enxurrada [...]. A quantidade superou de longe a qualidade, em parte, talvez, devido a uma política demasiado condescendente da Comissão Estadual de Teatro, que desejava estimular grupos jovens e favorecer a experiências da gente nova. Nesse ponto adotou, talvez, uma política criticável, o que,

39. Depoimento à organizadora.

todavia, de modo algum justifica as maldosas agressões dirigidas contra ela.[40]

Não obstante esse engajamento, o destemor com respeito a eventuais retaliações políticas, tendo em vista sua condição de estrangeiro, não o impediu de apontar injustiças cometidas pela ou em nome da censura, já em 1968, ao comentar artigo de Gustavo Corção, em *O Estado de S. Paulo*. Referindo-se à irracionalidade e aos efeitos malefícios da censura, ao defender a peça *Santidade*, de José Vicente, condena *in totum* a censura, exemplificando com dois casos históricos, um americano e outro alemão[41]. Essas ponderações foram por ele retomadas mais tarde, em 1972[42] e ainda em 1973[43], ao comentar outro artigo, também de *O Estado de S. Paulo*, que, ao pretextar uma defesa do respeito ao texto, na verdade veiculava a preponderância absoluta e exclusiva do texto literário. Defendendo a voga de um teatro não museal e desmentindo aqueles que o viam como "textocêntrico", repete uma tese de Rheinhardt: "A fim de que uma peça possa obter o efeito máximo, é necessário que o poeta deixe espaço livre à arte do diretor, o diretor ao ator, e o ator ao público: só na alma do espectador o jogo mútuo dos efeitos deve encontrar sua realização completa."

Para encerrar estas notas, ocorre-nos fazer menção a outra figura basilar do teatro instaurado a partir do TBC e na sua evolução até 1968: Décio de Almeida Prado. Como se recorda, a partir dessa data ele se retirou da militância para o trabalho acadêmico. No seu caso, o afastamento, apesar de significar discordância com a linguagem cênica em voga, transmutou-se no enriquecimento de nossa bibliografia teatral, já que o rigor de suas análises e pesquisas voltou-se para a elaboração de obras que contribuíram – e contribuem – para o conhecimento teatral. Dentre elas,

---

40. O Ano Teatral de 1970, *Prismas do Teatro*, p. 179.
41. Ver Duas Notas Teatrais, infra, p. 95-100.
42. Ver Teatro Sem Grilhões", infra, p. 141-154.
43. Mais Respeito ao Texto, *Prismas do Teatro*, p. 237-242.

publicou em 1988 *O Teatro Brasileiro Moderno*, breve síntese histórica do teatro brasileiro dos anos de 1940 até os de 1980. Após resenhar a situação teatral à época, conclui por interessante diagnóstico que alude às profundas alterações e à exuberância do teatro em vigor, apontando, no entanto, para a necessidade de um eixo teórico que sirva de baliza à práxis teatral:

o que inexiste para disciplinar esta possivelmente benéfica democratização da cultura, convertendo a quantidade em qualidade, é uma doutrina central, um padrão de julgamento (que tornava outrora a crítica tão mais fácil), uma visão unitária a respeito da natureza e da função do teatro, que possa aglutinar e organizar o esforço coletivo. [...] Esgotada a vanguarda, que se autodevorou no afã de ir sempre adiante [...] estacamos no deserto, desorientados, cansados de mudar constantemente de rumo, à espera do guia ou do profeta que nos ajude a atravessá-lo. Depois de Brecht e Artaud – quem?[44]

Essa avaliação crítico-reflexiva parece-nos apontar, em largas pinceladas, para a questão central que atingia nosso teatro e cujas raízes não se encontravam meramente nas práticas e procedimentos adotados. O descolamento ou a ruptura entre a práxis e a reflexão teórica fazia urgir o enfrentamento da situação para que sua superação trouxesse de volta uma "visão unitária a respeito da natureza e da função do teatro".

Organização

Os trabalhos incluídos em *Teatro em Crise: Caminhos e Descaminhos* são todos inéditos em livro. Percorrem extenso período que vai de 1963 a novembro de 1973. Ao lado da publicação de artigos escritos para a imprensa, reproduzimos manuscritos, a maioria dos quais relativos ao trabalho de Anatol Rosenfeld para a CET, do Governo do Estado de

---

44. *O Teatro Brasileiro Moderno*, p. 139-140.

São Paulo, entre 1969 e 1970. Nestes, incluem-se pareceres sobre os mais diversos assuntos: sobre encenações, traduções, análises de textos inéditos etc. Constam, sempre que possível, fontes e datas, devendo-se a exceção a manuscritos cuja publicação se desconhece. Aqui, uma ressalva: outros artigos escritos no período em exame encontram-se já publicados, especialmente na obra citada *Prismas do Teatro*.

Abreviações

Usaram-se abreviações para as fontes mais usadas nos trabalhos apresentados:

P+P: *Palco + Platéia*
CI: *Crônica Israelita*
FN: *Fato Novo*

Primeira Parte:
O TEATRO NO BRASIL

1. HISTORIOGRAFIA

João Caetano[1]

O subtítulo do livro *João Caetano* acrescenta ao nome as especificações: *O Ator, o Empresário, o Repertório*. O propósito não é, portanto, apresentar a biografia de João Caetano dos Santos (1808-1863) e, sim, estudar a personalidade e atuação do homem de teatro, cuja iniciativa "marca o início do teatro brasileiro enquanto atividade profissional contínua"[2].

Ao mesmo tempo que assimilou criticamente a literatura anterior dedicada ao grande ator, Décio de Almeida Prado se baseia em rigorosas pesquisas próprias, que se estenderam não só a bibliotecas nacionais, mas também a França, Espanha, América do Norte e Portugal. O que

---

1. Sobre o livro: *João Caetano: O Ator, o Empresário, o Repertório*, de Décio de Almeida Prado, São Paulo: Perspectiva, 1972.
2. Ibidem, p. 10.

dá relevo particular a esse esforço, que facilmente poderia esgotar-se na enumeração de fatos minúsculos, é a capacidade de conceituar e interpretar os resultados, de integrá-los numa visão maior do teatro nacional e, através dele, de significativos aspectos da vida cultural brasileira (carioca), nos meados do século XIX; numa época, portanto, em que o palco servia "de ponte entre os súditos e o poder" e em que o teatro no Brasil "desempenhava, em escala reduzida, o papel que mais tarde, com o advento da democracia e a irrupção do povo na política, caberia à praça pública"[3].

Outro momento que merece destaque é a focalização do teatro como tal, quando na maioria das obras dedicadas ao teatro se aborda quase exclusivamente a literatura dramática. O aspecto literário de modo algum é negligenciado, já que as investigações do livro se ocupam amplamente com o repertório de João Caetano e da época. Todavia, Décio de Almeida Prado inverte a perspectiva, na medida em que examina a literatura dramática em função do palco, da personalidade artística do ator, das encenações e das companhias, dos estilos de interpretação e do gosto do público carioca. Esse enfoque corresponde à visão atual que tende a considerar o teatro não como mero veículo de literatura e, sim, como arte autônoma que usa a literatura como um dos seus elementos. Corresponde, por coincidência, também aos pendores da época estudada, sobretudo do próprio João Caetano, muito afeito a textos que mais lhe servissem de pretextos para realçar a sua arte de interpretação. Daí a sua queda pelo melodrama, visto que este "encarava o teatro como representação, e não como texto literário, deixando margem para a função criadora do ator"[4]. O autor define com cuidado a posição estética exata de João Caetano entre o neoclassicismo, o romantismo e o melodrama popular. Naqueles estilos e neste gênero, João Caetano encontrou o trampolim para os seus dotes característicos de ator dado aos extremos

3. Ibidem, p. 59.
4. Ibidem, p. 117.

de furor trágico e da ênfase patética, sem dúvida também às caretas e exageros de que fala José de Alencar.

O juízo severo de Alencar liga-se ao fato de ele já fazer parte de uma geração mais próxima do realismo e de um novo estilo coloquial. Mas relaciona-se também com o repertório quase exclusivamente estrangeiro do ator e empresário e com a amarga experiência de o maior homem de teatro da época nunca lhe ter encenado nenhuma de suas peças. Em retribuição, o deputado Alencar conseguiu que fosse cortada a subvenção ao ator/empresário. O que sobressai é que o nacionalismo de João Caetano não parece ter sido muito coerente. O homem que fundou em 1833 o primeiro teatro só de atores nacionais, que libertou o teatro brasileiro da tutela portuguesa e que foi pioneiro na apresentação de Martins Pena e Gonçalves de Magalhães, furtou-se em seguida, quase por inteiro, ao dever de encenar peças nacionais, atitude criticada sobretudo pelo jovem Machado de Assis.

Sem negar os defeitos de João Caetano, provenientes em boa parte da realidade econômica e social do Brasil de então, Décio de Almeida Prado – crítico não muito dado a juízos extremados – valoriza nos termos mais elevados a personalidade do artista e empresário: não hesita, quase, em chamá-lo de gênio – conceito assaz indefinido, mas, ao que parece, indispensável, precisamente por definir características indefiníveis.

Ao lado das qualidades já destacadas do cientista – sobretudo pelo rigor na pesquisa, pela visão ampla da história teatral e cultural, pela interpretação aguda dos dados à base do domínio das categorias estéticas –, não se pode deixar de mencionar os méritos do escritor que sabe temperar a erudição com delicadas inflexões de humor e ironia. A elegância e clareza do estilo são qualidades de um espírito humanista e democrático que supera a especialização rígida. Numa época em que escrever mal e de forma hermética parece quase indispensável para obter prestígio intelectual, é impositivo salientar esse fato.

Panorama do Teatro Brasileiro[5]

Deve-se às próprias circunstâncias da história teatral brasileira e das possibilidades atuais de documentação neste campo que o livro *Panorama do Teatro Brasileiro*, de Sábato Magaldi, seja bem mais do que um panorama, no que se refere à história da dramaturgia e, talvez, um pouco menos do que um panorama no que diz respeito à história da vida cênica no Brasil – se excluirmos os últimos capítulos, referentes ao teatro contemporâneo.

A literatura dramática é a enteada dos historiadores e críticos da literatura brasileira – atitude característica que reflete toda uma situação. Daí se entende que lhe cabe lugar de particular destaque em qualquer obra dedicada ao teatro brasileiro. Semelhante situação justifica, também, a valorização máxima do elemento literário no teatro, na medida em que tal valorização decorre de um empenho equilibrador dentro de certa constelação histórica. Em circunstâncias diversas, a história das concepções e da arte cênicas, a análise das condições sociais do teatro e dos atores, da organização das companhias e do estilo característico dos comediantes mais destacados, assim como da composição do público dos mais diversos tipos de espetáculos etc., exigiriam igual ou mesmo maior espaço e atenção do que a dramaturgia, numa obra que focaliza o teatro e não, especificamente, a literatura dramática. Todavia, ainda que Magaldi pudesse ter tido esse intuito, hoje talvez precoce em face das circunstâncias apontadas, não o poderia ter concretizado, na situação atual. Se apenas quatro ou cinco capítulos dos 23 constantes do livro ocupam-se mais de perto dos elementos extraliterários do teatro, boa parte das razões decerto reside na falta de trabalhos preparatórios. Magaldi, aliás, acentua que um único pesquisador dificilmente poderia realizar tal tarefa. Impõem-se a "busca paciente em arquivos

---

5. Sobre o livro de Sábato Magaldi, *Panorama do Teatro Brasileiro*, São Paulo: Difusão Europeia do Livro, 1962.

e jornais, leitura de alfarrábios e inéditos, à espera que se publiquem documentos inencontráveis"[6]. Parece que está ainda por se iniciar, no Brasil, o levantamento sistemático, por equipes, de material iconográfico e da certamente vasta documentação (incluindo as correspondências), que permitiriam reconstituir a vida teatral dos tempos idos. Mesmo nos centros europeus de larga tradição cênica, não conta muito mais do que cinquenta anos a "ciência do teatro" ligada a institutos universitários – única possibilidade de se realizar uma pesquisa desse vulto, cujos resultados, de resto, são de extremo interesse para a historiografia e a sociologia dos respectivos países.

Não cabe, portanto, a Sábato Magaldi a culpa pelo que, em outras circunstâncias, chamar-se-ia talvez de deficiência. Se não é responsável por aquilo que falta, é dele o mérito da alta qualidade daquilo que consta. Sendo diminuta a historiografia especializada (como se vê pela bibliografia crítica no fim do livro), não podendo o autor, por isso, apoiar-se numa ampla tradição seletiva, desejoso ademais de julgar por si mesmo, teve de realizar o trabalho heroico de ler e reler centenas de peças, na maioria medíocres, a fim de fornecer ao leitor breves resumos dos entrechos e rápidas análises e interpretações daquelas obras – várias dúzias –, que passaram pelo crivo de uma valorização fundamentada, ou que, por qualquer outro motivo, tiveram de ser focalizadas. O cuidado e rigor no levantamento de um grande número de textos, graças aos quais a obra proporciona ao leitor, a partir de uma ampla perspectiva crítica, um quadro vivo da dramaturgia brasileira, dos problemas e situações nela abordados, das convenções preferidas e das personagens típicas, já é por si uma qualidade consagradora do livro. Outro mérito decorre do fato de Sábato Magaldi ser um homem profundamente integrado na vida teatral do Brasil, quer como crítico e jornalista, quer como professor especializado e como homem atuante em comissões

---

6. Ibidem, p. 271.

oficiais e associações de classe. Isso explica que a pesquisa a partir da qual focaliza a literatura dramática seja, antes de tudo, a do teatro, e o teor geral da obra, o da intensa participação. Testemunha isso o admirável capítulo dedicado a Artur Azevedo, autor que, numa história da literatura ou mesmo da dramaturgia brasileiras, tende a ocupar um lugar modesto, mas que – acreditamos que com justiça – é enaltecido pelo autor como a maior figura do teatro brasileiro. A mesma perspectiva se nota no capítulo "Dramaturgia para atores", em que é concedido espaço a autores de qualidade literária bem medíocre, os quais, contudo, como *playwrights* alimentaram as necessidades de atores populares como Leopoldo Fróes ou Procópio Ferreira. Em face disso, talvez seja demasiadamente severa – embora justa segundo critérios literários – a arrasadora crítica que faz a *Deus lhe Pague*, de Joracy Camargo, peça que se tornou "um dos cavalos de batalha de Procópio Ferreira". Ante a enorme eficácia teatral sobre o grande público desse texto medíocre, mas de qualquer modo capaz de realçar os dons de um comediante popular, a veemência da condenação talvez se explique por certo "Eros pedagógico" dirigido contra a aceitação generalizada de uma peça extremamente pretensiosa, eivada de lugares-comuns pseudofilosóficos.

De extremo interesse são os capítulos dedicados ao ator João Caetano e às suas *Lições Dramáticas*, bem como aos espetáculos dos séculos XVII e XVIII ("Presença do Ator" e "Vazio de Dois Séculos") que, em eventuais futuras edições, decerto poderão ser ampliados, na medida em que se enriquecer a documentação respectiva. Outras páginas de particular relevância são as que salientam a importância das três peças de Oswald de Andrade. Embora, possivelmente, não seja viável a sua apresentação, como observa Magaldi, é justo que se lhes destaque o valor experimental. Cheias de sugestões, poderiam tornar-se em fonte de inspiração para dramaturgos jovens. Quase concomitantemente com Brecht e Maiakóvski, Oswald de Andrade recorreu a processos semelhantes àqueles elaborados por esses autores, fato acentuado pôr Sábato Magaldi. A fantasia cênica de Oswald de Andrade é extraordinária, assim como a precisão concisa do seu diálogo, que lembra o estilo de certos expressionistas.

A última parte do livro, que apresenta o panorama contemporâneo, é – no tocante ao equilíbrio entre o quadro dramatúrgico e as informações e apreciações mais de perto cênicas –, a mais bem lograda, proporcionando uma visão ampla de todos os aspectos da vida teatral brasileira de hoje, bem como de suas perspectivas futuras, no sentido artístico e material.

No seu todo, a obra corrige certas atitudes negativas e unilaterais em face do teatro brasileiro, sem cair num otimismo e exaltação ingênuos. O empenho pelo teatro nacional nunca se torna nacionalista e ganha relevo e substância mercê do conhecimento do teatro internacional. Magaldi tem plena razão ao dizer que "o bom teatro é exceção, em todo o mundo. A média das temporadas, nas várias capitais cênicas, é de reconhecida mediocridade... Nossas melhores peças são muito superiores à média das produções das temporadas estrangeiras, e, se essa afirmativa não tem especial significado, pode servir de antídoto ao inibidor complexo de inferioridade brasileiro". Para confirmar esse fato, basta dizer que há, em diversos países europeus, uma verdadeira demanda por peças brasileiras (fato que se refere, igualmente, ao gênero narrativo).

Em face do extraordinário progresso do teatro brasileiro, nestes últimos vinte anos – progresso que, de modo algum, nos parece interrompido, apesar de alguns sintomas de crise –, o que importa é manter e intensificar a "consciência" teatral e a "densidade" da vida teatral, tanto cênica quanto dramatúrgica. Somente dentro de certa emulação quantitativa costuma surgir o qualitativamente superior, assim como o público correspondente que frequenta habitualmente representações de valor.

A obra de Sábato Magaldi não é só expressão de uma elevada conscientização teatral – tanto pelo conteúdo como pelo simples fato de sua encomenda oficial –, mas poderá também contribuir para aguçar, em amplos círculos, a visão do teatro brasileiro e o interesse por ele, para não falar dos estudiosos especializados para os quais, desde já, é instrumento indispensável. Quem sabe num futuro não muito distante a densidade da vida teatral no Brasil estimulará a difusão e será, por sua vez, estimulada pela publicação de um número maior de textos dramáticos (atuais e antigos) e de obras sobre o teatro, pela organização de mais extensas seções noticiosas e críticas nos jornais e pela edição de periódicos especializados, tão necessários como entrepostos a serviço dessa esfera cultural.

2. LITERATURA DRAMÁTICA

Panorama do Teatro Brasileiro Atual[1]

Apesar da recente "redescoberta"[2] das peças de Oswald de Andrade, é indiscutível que, enquanto força desencadeadora de um processo de renovação, cabe a Nelson Rodrigues o mérito de ter sido o ponto de partida do moderno teatro brasileiro. *Vestido de Noiva*, peça estreada em 1943 pelos Comediantes, sob a direção de Ziembinski, deve ser considerada, como se convencionou, o marco decisivo pelo impulso deflagrador e libertador que dela se irradiou, apesar da precedência cronológica das peças vanguardeiras de Oswald.

1. *Correio da Manhã*, 10 dez. 1967.
2. Rosenfeld parece referir-se ao impacto produzido pela encenação de *O Rei da Vela*, em 1967, pelo Teatro Oficina, que se tornou estopim da revalorização do teatro oswaldiano.

Vestido de Noiva encontra-se na linha do expressionismo, mormente por transformar o palco em "espaço interno" de uma mente, sondando-lhe os níveis inconscientes. Com isso, Nelson Rodrigues associou sua obra a uma tendência do teatro universal que, desde Strindberg, procura assimilar a estrutura cênica à nova concepção do homem tal como elaborada pela psicologia moderna, sobretudo pela psicanálise. O diálogo racional, convenção básica do teatro tradicional, por definição não comporta o que é irracional. O recurso expressionista é a projeção, em termos visuais principalmente, de imagens oníricas e alucinatórias, reveladoras do inconsciente, sobre o plano cênico, enquanto se decompõem as unidades clássicas de ação, espaço e tempo – formas e categorias através das quais a consciência racional procura organizar a realidade. Adotando processos cinematográficos, Nelson Rodrigues radicalizou os processos da dramaturgia anterior e, neste sentido, antecipou-se a Arthur Miller que, seis anos mais tarde, usará em *Morte de um Caixeiro-Viajante* uma técnica semelhante.

É preciso acrescentar, todavia, que o expressionismo de Nelson Rodrigues surge apenas como uma solução técnica, justificada em termos realistas pela agonia da protagonista, atropelada por um automóvel. Não se trata, pois, de um expressionismo "estrutural", mas do uso de novos recursos para aprofundar, pela introspecção, a peça de costumes essencialmente realista. Mesmo a incursão pelo mundo dos arquétipos míticos não desmente a vocação de Nelson Rodrigues pela peça de costumes, tal como recentemente reensaiada, em chave mais leve, por Lauro César Muniz (por exemplo, em *A Infidelidade ao Alcance de Todos*), na esteira de Martins Pena etc. Isso, aliás, condiz com o moralismo de Nelson Rodrigues. A análise da realidade brasileira se detém na crítica moral, mesmo no caso de uma peça notável como *Bonitinha, mas Ordinária*. O ricaço Werneck, com seu estribilho "Eu pago!", é uma grande invenção. Mas a corrupção da família burguesa, tornada em negócio e mercadoria, não é motivo de uma análise social mais profunda. Não atinge nem sequer aquela que Balzac fez, há mais de cem anos, na peça *Le Faiseur* (*O Intrigante*).

Já foi apontada (por Sábato Magaldi) a semelhança entre Werneck e Abelardo, de *O Rei da Vela*. A revalorização de Oswald de Andrade pelos expoentes da vanguarda paulistana, fato já em si de suma importância, teve ainda o mérito de ter levado José Celso Martinez Corrêa, diretor do Teatro Oficina, a encenar a peça mencionada. Verifica-se, com certo atraso, que Oswald se antecipou a Nelson Rodrigues na modernização da dramaturgia brasileira. Todavia, suas peças escritas durante a década de 1930 não exerceram nenhuma influência direta, nem sobre o movimento teatral, nem sobre o autor de *A Falecida*. *O Rei da Vela* é uma sátira "cruel" à burguesia e à aristocracia paulistas, caricaturando a ascensão daquela e a decadência desta. Em termos temáticos, a peça se assemelha a *Os Ossos do Barão*, de Jorge Andrade.

José Celso, na sua encenação ousada, acentua a montagem de estilos heterogêneos – desde o expressionismo e futurismo até os recursos de distanciamento de que lança mão o autor, certamente sem ter conhecido Bertolt Brecht. Bem de acordo com o estilo grotesco de Alfred Jarry (*Ubu Rei*), as personagens desmascaram de chofre a sua degradação, sem que haja recurso às sinuosas delongas da revelação sutil do realismo psicológico. Isso ocorre não somente porque as personagens são cínicas, mas também porque o autor superpõe sem pudor o seu horizonte maior ao menor das personagens, transformando-as em expositoras épicas das suas concepções. A encenação, uma das mais violentas e "teatralistas" já feitas em palcos brasileiros, ressalta o obsceno, manipula o mau gosto e o *kitsch*, recorre ao melodrama, à paródia e ao pastiche operístico, rompe a ilusão e choca o público pela agressão direta. O tempo e o espaço fictícios do palco se rompem ao invadirem o mundo empírico do público, em alguns momentos até de um modo físico, por exemplo, por meio de um balanço que lança uma personagem para dentro do espaço real da plateia. O efeito lembra os tiros com que Meyerhold agredia os espectadores. José Celso certamente conseguiu impedir o "prazer desinteressado" da estética clássica. A encenação visa a efeitos típicos também de muitas peças de Nelson Rodrigues. É conscientemente "desagradável" e "nefítica" e, se não provoca na plateia, conforme o desejo de Nelson Rodrigues, o tifo e a malária, certamente é capaz de suscitar um excelente mal-estar (considerado delicioso por alguns), tal como visado por Peter Brook ou pelo Living Theater, em recentes encenações na Europa.

Também o teatro católico se dedica atualmente à crítica social (o que, de resto, corresponde a uma tradição antiga). Como diretor artístico do TUCA de São Paulo, Roberto Freire obteve resultados notáveis com *Morte e Vida Severina* e, mais recentemente, com o mimodrama *O & A*, produto característico de um teatro não literário e "desenfreado", neste sentido, e no sentido da veemente crítica às gerações mais velhas, integrado no movimento teatral moderno. Como autor, Roberto Freire focaliza em peças como *Gente Como a Gente, Quarto de Empregada* etc., o mundo dos humildes com um realismo temperado pela compaixão e solidariedade decorrentes de um catolicismo arejado e combativo.

Bem diverso é o teatro de Ariano Suassuna, cujo *Auto da Compadecida*, que obteve êxito também na Europa, se filia à tradição do teatro católico didático dos fins da Idade Média, dos "milagres" e dos autos de Gil Vicente. Daí, e talvez de Claudel – não tanto de Brecht –, lhe advém o caráter épico e o desempenho com direção ao público. Suassuna consegue fundir, de um modo feliz, a tradição católica, os intuitos de crítica social e o folclore nordestino.

Ao mundo nordestino liga-se também parte da dramaturgia de Dias Gomes, sobretudo em *O Pagador de Promessas* e *A Revolução dos Beatos*. Na primeira dessas peças, conseguiu apresentar uma imagem impressionante do trágico abismo que separa a hinterlândia rural da metrópole, ao ponto de não haver possibilidade de comunicação. O problema da conscientização é focalizado na segunda peça, farsa popular em torno do Boi Santo, através do ingênuo protagonista que, ao fim, se liberta do fanatismo messiânico dos beatos que idolatram o Padre Cícero e o famoso animal sagrado.

Baseado num fato verídico (ocorrido em Malacacheta, Minas Gerais), Jorge Andrade aborda em *Vereda da Salvação* o mesmo tema do messianismo. Embora livre de qualquer tendência ideológica e isenta de apelos reivindicatórios, a peça se torna, pela própria realidade documentada, em terrível acusação a uma situação de tal forma desesperada que a única "vereda da salvação" parece ser a entrega patológica a um fanatismo irracional, ao fim sangrentamente sufocado pelas autoridades. É somente nesta peça que Jorge Andrade focaliza a vida rural a partir dos dominados. Nas outras peças, o ângulo é o da aristocracia rural paulista, apresentada sobretudo na fase da sua decomposição em consequência da crise de 1929. O grande ciclo de suas peças, desde *O Telescópio* e *A Moratória*, até *Rasto Atrás*, constitui uma vasta epopeia de ascensão e decadência, narrada com a participação intensa de quem viveu, pessoalmente, a lenta desagregação de uma classe.

A maioria dos autores mencionados se filia a um realismo atenuado que permite estilizações de teor vário e que muitas vezes lança mão de recursos que o ultrapassam, através do palco simultâneo, do *flashback*, de elementos narrativos e expressionistas. Já Plínio Marcos, cuja irrupção, com cinco peças ao mesmo tempo, é recentíssima, representa por assim dizer um retrocesso magnífico. Sua obra – com exceção de *Dia Virá*, peça em torno de Jesus e Judas – é crassamente naturalista e enfoca de preferência os marginais do *Lumpenproletariat* metropolitano. O estilo naturalista, hoje mumificado, impõe que a visão da peça se mantenha dentro do limitado horizonte de personagens geralmente primitivos. Por isso, não permite em geral uma interpretação mais profunda da realidade, nem qualquer jogo imaginativo mais amplo. Porém, tal é a força sobretudo de *Dois Perdidos numa Noite Suja* e *Navalha na Carne*, e tão grande é o talento do autor (contudo ameaçado de perder-se no beco do naturalismo) que ele consegue sugerir, através da degradação da parcela marginal sufocada, a da sociedade maior.

Entre as tendências mais interessantes da atualidade, conta-se o teatro musical, de profundas raízes na tradição brasileira da revista popular, geralmente de crítica moralista, um pouco ingênua, à situação respectiva. Desde 1964, a música se radicalizou em canção de protesto, já agora baseada em concepções políticas mais consistentes. Como expoente importante neste campo deve ser mencionado Oduvaldo Vianna Filho. Dentro deste movimento, obteve grande êxito o Grupo Opinião, devendo-se ressaltar a repercussão de *Liberdade, Liberdade* (Millôr Fernandes). Certa afinidade com este tipo de teatro, embora não se trate de um "musical", tem *O Homem do Princípio ao Fim* (Millôr Fernandes), mercê da montagem de cenas (extraídas da literatura universal), não ligadas por um enredo, mas apenas por um tênue fio condutor, talvez uma ideia central que é exposta à dialética de situações e emoções variadas. Neste tipo de "colagem", entremeada de anedotas e piadas referentes à atualidade política e social, importa sobretudo a versatilidade do ator. Notam-se nesse teatro, certos traços do cabaré literário europeu que exige um público bem afinado com os atores, capaz de entrar em conluio com eles. Característico é o abandono do enredo e da ação dramática linear, encadeada, que aparentemente, no momento ao menos, não corresponde à apreensão de uma realidade multívoca e fragmentada.

Grande papel no movimento do teatro musical desempenhou e desempenha o Teatro de Arena de São Paulo, dirigido por Augusto Boal e Gianfrancesco Guarnieri. É sem dúvida o teatro brasileiro que, com mais coerência e vigor, segue uma nítida linha de engajamento social, visando à "humanização do homem", que é um "fato concreto de condições e direções de vida, no sentido de uma sociedade que se desaliene progressivamente e aos saltos"[3]. Deseja o Arena

---

3. A. Boal, Introdução, *Arena Conta Tiradentes* [N. do A.].

desenvolver um teatro didático capaz de interpretar a realidade nacional enquanto a comunicação se verifique tanto em termos crítico-racionais como fortemente emocionais, possibilitando ao mesmo tempo o distanciamento e a empatia com o mundo representado. Nota-se que Boal elaborou livremente e de um modo autóctone sugestões da teoria brechtiana. A empatia intensa, ao lado do distanciamento, afigura-se a ele indispensável para que a plateia não perca o contato emocional com o protagonista e para que sua experiência não tenda a se reduzir ao conhecimento puramente racional. Espera Boal que, dessa forma, a comunicação não suscite apenas atitudes contemplativas e, sim, um comportamento ativo. A poética de Boal, amplamente desenvolvida, é sem dúvida um dos sistemas teatrais mais sérios e inteligentes jamais elaborado por um encenador brasileiro.

Os inícios do Teatro de Arena, de cujos quadros provém também Oduvaldo Vianna Filho, são nitidamente realistas. Mais recentemente, sob a influência de Brecht (intensa em boa parte do teatro brasileiro atual), o Arena, sempre orientado pelo engajamento social, passou a se dedicar a uma experimentação variegada de novas formas dramáticas e cênicas, com forte influxo musical. Como dramaturgos, Guarnieri inclinou-se de início para um realismo que se afirmou com vigor em *Eles Não Usam Black-tie* e *A Semente*, uma das melhores peças políticas brasileiras, ao passo que Boal se inclinava mais para a farsa popular de violento cunho satírico, em peças como *Revolução na América do Sul* e *José do Parto à Sepultura*. Escrevendo em conjunto, invadiram com *Arena Conta Zumbi* e *Arena Conta Tiradentes* o terreno do teatro épico, de forte teor musical e concebido de forma inteiramente original.

Esta ligeira sinopse, evidentemente, omite numerosos autores, entre outros um dos talentos mais promissores ultimamente surgidos como Bráulio Pedroso, ou dramaturgos de valor como o novelista Osman Lins, João Bethencourt ou Walter George Durst, para mencionar apenas alguns autores radicados no Rio e em São Paulo.

Verifica-se que o teatro brasileiro, apesar das penosas condições financeiras em que se debate, demonstra uma vitalidade surpreendente. Auspicioso é o crescente interesse da juventude, o amplo movimento amador, dentro e fora das universidades, a multiplicação dos cursos e conferências sobre questões teatrais para audiências frequentemente numerosas e o interesse crescente das casas editoras pela difusão de peças teatrais e obras sobre teoria do teatro. É possível que essa atividade múltipla, se de um lado é sintoma de uma demanda crescente, contribua por sua vez para ampliar o consumo teatral.

Subvenções e Progresso Teatral[4]

Quase vinte peças estão sendo apresentadas atualmente nos palcos de São Paulo, fato que sem dúvida é um recorde na história cênica do Brasil. Não se deve desprezar esse lado quantitativo: somente uma vida teatral intensa, ocupando e selecionando autores, atores, diretores etc., garante razoável regularidade na apresentação de espetáculos de boa qualidade profissional.

É digno de nota que ampla maioria das companhias está levando à cena peças nacionais, sendo seis delas de autores novíssimos, os últimos do estouro de talentos detonado, há três anos, com as peças de Plínio Marcos. Desde então, manifestaram-se ao todo dez novos autores: Leilah Assumpção, atualmente em cartaz com *Jorginho, o Machão*; Isabel Câmara, com *As Moças*; Consuelo de Castro, com *À Flor da Pele*; José Vicente, com *O Assalto*; Antônio Bivar, com *Cornélia Brasil* e *O Cão Siamês*; a esses se acrescentam agora Eloy Araújo (*Seu Tipo Inesquecível*), Timochenko Wehbi (*A Vinda do Messias*, com o notável desempenho de Berta Zemel, no único papel da peça), Mário Prata (*O*

---

4. Publicado com o título "Nelson Rodrigues e as Subvenções", FN, 20 maio 1970.

Cordão Umbilical), Carlos Alberto Soffredini (*O Cristo Nu*) e Lafayette Galvão (*Um Dois Três de Oliveira Quatro*).

Há uma causalidade recíproca entre a revelação de tantos talentos novos e a intensificação da vida teatral, antes mencionada. Fator decisivo é, decerto, a política da Comissão Estadual de Teatro (CET), de franco apoio à encenação de peças nacionais. Nelson Rodrigues observou a respeito dessa efervescência que São Paulo representaria um fenômeno único na história do teatro universal, por conseguir (graças às subvenções da CET) fazer teatro sem público, comparecendo apenas as cadeiras. A piada não deixa de ser verdade pelo menos no que se refere às peças do próprio Nelson, aliás, um dos mais beneficiados pelas subvenções, com duas obras sucessivamente encenadas, tendo havido comparecimento compacto de cadeiras. Nelson, todavia, pode consolar-se. Certamente não ignora que não existe teatro, nem qualquer outro empreendimento, sem fracassos. Não cabe à CET punir as companhias, negando-lhes subvenções, nem pelos êxitos e, muito menos, pelos fracassos comerciais, depois de os respectivos espetáculos terem sido julgados de nível adequado e correspondentes a certas normas. Cabe-lhe, antes, estimular novos empreendimentos, apesar de uma ou outra derrota comercial.

Não é nenhuma novidade que, no campo teatral – e isso não se refere só a São Paulo ou ao Brasil – a oferta é não raro superior à procura. Entretanto não se trata, no caso, de camisas ou de queijo. Trata-se de uma oferta de ordem cultural, que merece ser avaliada segundo critérios mais sutis. Se antes foi dito que não se deve desprezar o lado quantitativo, é preciso acrescentar que, na esfera cultural, esse critério não deve prevalecer. O teatro é, hoje, o único importante meio de comunicação coletiva em que há retorno imediato, vivo, direto, isto é, em que o público é parceiro ativo e não apenas objeto passivo de mensagens, manipulado "de cima". A importância do teatro é, por isso, incalculável.

Segundo uma pesquisa do IBOPE, feita recentemente em São Paulo, 1% da população de instrução primária,

2% de secundária e 7% de superior, dedicam a maior parte de sua folga ao teatro (à TV, na mesma sequência: 57%, 35% e 20% e, ao cinema, hoje quase uma arte para elites, 4%, 5% e 8%). A conclusão que daí talvez se possa tirar é que, enquanto devem se envidar esforços cada vez maiores para, através de subvenções, baratear as entradas para certas faixas da população (como tem ocorrido em certa medida), é preciso manter uma vida teatral intensa a fim de absorver o público crescente de instrução secundária e superior.

Peça Nacional Só Quando Barata?[5]

A atual temporada do teatro paulistano, com mais de vinte espetáculos até os meados do ano, promete também, para a segunda parte de 1970, várias encenações de boa qualidade. O Teatro Oficina apresentará o *Don Juan*, de Molière, Ademar Guerra dirigirá *Tom Paine*, de P. Foster, Antunes Filho certamente caprichará na direção de *Peer Gynt* e, no Teatro São Pedro, deverá ser levada à cena *O Interrogatório*, de Peter Weiss, obra de grande valor que documenta o processo de Frankfurt contra os criminosos de Auschwitz. A apresentação de todas essas peças só pode ser aplaudida, já que os diretores demonstram claramente a tendência de escolher textos valiosos, sem cogitarem exclusivamente de compensações comerciais.

Ainda assim, não se pode deixar de constatar com certa amargura que ninguém se lembrou de um autor nacional como Jorge Andrade, geralmente posto de lado com a alegação de que seria demasiado dispendioso encenar obras suas. Ora, a encenação de peças como *Peer Gynt* e *Tom Paine*, principalmente destas duas, é caríssima. Evidentemente, ninguém pensa em prescrever aos diretores aquilo que devem e aquilo que não devem levar à cena, nem cabe

5. FN, 1-7 jul. 1970.

criticar a escolha quando esta recai sobre peças de valor, como ocorre no caso em foco.

Entretanto, é triste verificar que as três últimas peças do dramaturgo paulista nunca foram apresentadas no seu próprio estado: além de *Rasto Atrás,* duas peças concluídas já há certo tempo, ambas ainda inéditas mas já conhecidas da maioria dos diretores: *As Confrarias* e *O Sumidouro*[6]. A primeira focaliza a Conjuração Mineira, apresentando uma visão crítica da sociedade do Brasil colonial; a segunda recria o mundo das bandeiras, tal como visto pela mente crítica de Vicente, personagem que, representando em termos fictícios o autor real, precisamente está escrevendo *O Sumidouro*. Quanto a *As Confrarias*, não é preciso insistir na sua atualidade. A luta pela independência, mormente quando se ressaltam os problemas econômicos envolvidos, como ocorre na peça, nunca é tema ultrapassado. No que se refere a *O Sumidouro*, Jorge Andrade projeta a bandeira de Fernão Dias contra o pano de fundo da política europeia e, em particular, da situação da corte portuguesa, fato que expõe o empreendimento da bandeira a uma iluminação penetrante e reveladora. Sem diminuir a figura de Fernão Dias, a peça lhe dissolve a aura mítica, mostrando-o, ofuscado que é pela caça às esmeraldas, como instrumento de objetivos políticos e financeiros prejudiciais à colônia e ao povo brasileiro em formação. O expoente dessa visão nacional, se é que já se pode, no caso, usar este termo, é José Dias, o filho mestiço de Fernão. Vivendo o conflito entre a lealdade ao pai, manipulado de longe, e a lealdade à terra e ao povo no qual começa a aflorar a consciência de interesses próprios, ele acaba morrendo pela sua nova convicção e se torna a personagem mais trágica da peça.

Peer Gynt, o anti-herói escandinavo, e Tom Paine, o herói revolucionário dos direitos humanos, merecem ser apresentados ao público brasileiro, da mesma forma como

---

6. As duas peças foram posteriormente publicadas em *Marta, a Árvore e o Relógio*, 2 ed., ₂ reimpr. São Paulo: Perspectiva, 2008.

as outras peças acima mencionadas. Não menos, porém, a tragédia do bandeirante e do seu filho mameluco. Surpreende o alheamento dos homens de teatro em face dos grandes temas e dos autores nacionais, pelo menos quando se trata de investir somas de vulto; somas que não hesitam em arriscar para apresentar peças de proveniência estrangeira.

Jorge Andrade, o Incompreendido

Jorge Andrade[7]

Um dos fenômenos mais estranhos e, ao mesmo tempo, lamentáveis é a completa ausência, nos palcos paulistanos, das peças de Jorge Andrade, um dos maiores dramaturgos da história teatral brasileira. Basta dizer que *Rasto Atrás*, obra premiada (e cuja encenação por uma companhia respeitável pode, de antemão, contar com a subvenção da CET), até hoje não foi apresentada em palcos paulistanos, embora já há anos tenha sido muito bem recebida no Rio de Janeiro. Fenômeno estranho, em particular porque várias de suas peças – por exemplo, *A Moratória, A Escada, Os Ossos do Barão*, obtiveram há tempos êxitos retumbantes em São Paulo.

Entende-se e respeita-se o empenho das companhias pela encenação dos novíssimos dramaturgos que, muitos deles talentosos, vão surgindo em número surpreendente e que, literalmente, conquistaram, numa espécie de guerra relâmpago, senão sempre o público pelo menos os palcos paulistanos, em parte por viverem intimamente ligados ao meio teatral. As suas peças apresentam a vantagem de focalizarem problemas e preocupações bem atuais e, sobretudo, de exigirem investimentos relativamente pequenos, visto tratar-se quase sem exceção de peças de pouquíssimas personagens, geralmente apenas duas. Porém, o teatro

7. P+P, n. 3, 1970.

paulistano não pode viver apenas da atualidade imediata (num sentido um tanto raso do termo), nem pode fazer um cavalo de batalha da pobreza franciscana. Pobreza que nem sempre é apenas de recursos, mas também de amplitude de mundo, história, visão humana, devido à limitação da cena, do pequeno número de personagens e devido à própria falta de maturidade dos jovens autores.

Certamente se dirá que as peças de Jorge Andrade, exigindo elencos numerosos e direção e cenários complexos, resultam muito dispendiosas, além de abordarem fundamentalmente coisas passadas – de fato, já o chamaram de "o grande poeta do ontem".

Quanto ao primeiro ponto, não há dúvida de que, para encenar peças como *Rasto Atrás*, *Pedreira das Almas* ou *Vereda da Salvação*, é preciso enfrentar certos riscos. Sem riscos, no entanto, nada se faz no campo do teatro (e, aliás, em nenhum campo ligado ao mundo dos espetáculos). Os maiores sucessos, ultimamente, são precisamente encenações como *Hair* e *O Balcão*, implicando riscos enormes em função do fato de configurarem obras estrangeiras. Riscos semelhantes deveriam também ser assumidos pelos empresários para favorecer peças nacionais de vulto maior do que as miniobras atualmente em voga (com o que não se pretende diminuir-lhes o valor; é claro que tamanho não é documento).

No que se refere ao segundo ponto, é preciso salientar que poeta *de* ontem não quer dizer poeta *do* ontem. O poeta do ontem pode, perfeitamente, ser poeta de hoje. A dramaturgia de Jorge Andrade é plenamente contemporânea, embora aborde frequentemente temas do passado. Ela, de modo algum, é passadista ou saudosista. E que, diga-se de passagem, a ignorância do passado nacional é ignorância em matéria de autoconhecimento e, portanto, ignorância do presente e de visão do futuro.

Embora Jorge Andrade encare o passado, muitas vezes, com profunda simpatia pelos grupos e expoentes ultrapassados e marginalizados pelo movimento histórico, o seu enfoque é equânime e objetivo; objetividade não raro muito cruel por envolver o próprio autor, ligado como está pela ascendência às camadas representadas. Pode-se pôr de lado, neste contexto, uma obra como *Veredas da Salvação*, a única dentre as grandes peças que se concentra na situação do trabalhador rural, não adotando a perspectiva, preponderante nas outras obras, da aristocracia dos fazendeiros ou das classes urbanas superiores. Essa situação, demonstrada mediante um caso típico de misticismo popular e de sua supressão, de modo algum é "passado"; é uma situação imóvel, imemorial, fora da história, ontem tão "atual" como hoje.

As outras peças giram em torno de fatos da história recente ou remota do Brasil ou de São Paulo; fatos, todavia, que são aqueles vistos criticamente a partir de uma posição contemporânea. Tal perspectiva crítica, nítida em todas as peças (apesar da profunda simpatia com que o dramaturgo "vive" as suas personagens), ressalta ainda mais vigorosa nas duas últimas, ainda inéditas, *As Confrarias* e *O Sumidouro*. A primeira tem por tema a Inconfidência, apresentando uma imagem de modo algum saudosista da estrutura da sociedade colonial da época, através da focalização de várias confrarias, representativas das diversas camadas sociais e raciais. É uma peça atualíssima pela maneira como aborda a sedição mineira, a partir do foco de Marta, mulher do povo que ressurge, sempre diversa e sempre a mesma, através do grande ciclo de Jorge Andrade.

Mais radical ainda é o enfoque crítico-contemporâneo de *O Sumidouro*, desde logo manifesto pelo fato de a tragédia de Fernão Dias Paes ser projetada a partir da visão de Vicente, dramaturgo contemporâneo que, precisamente, está escrevendo a peça sobre o caçador de esmeraldas. Vicente, representante fictício do próprio autor, é o mesmo mediador narrativo de *Rasto Atrás*, que agora "voltou diferente de Jaborandi", depois da descida ao "inferno particular, ao mundo estagnado da família, à infância e ao passado". Atualmente, depois de ter acabado "com os demônios familiares, é preciso exterminar os culturais. Aprendi que estão, todos, mexendo o mesmo caldeirão. E lá dentro, quem é cozido, são pessoas como eu". Seria difícil imaginar uma proposição mais atual do que esta. Vicente escreve o drama, entre outras razões, porque "fica por conta" ao ver o filho "ser educado em conceitos que ninguém, com um pouco de inteligência, aceita". A peça é uma única, torturada busca da verdade, pois "quero que meus filhos vivam no mundo de hoje". Daí a "convocação" de Fernão Dias perante o tribunal da história, a investigação das circunstâncias da famosa bandeira à serra das esmeraldas e das razões que o levam a executar o seu filho mameluco José Dias (tema central da peça). Há, como diz Vicente dialogando com Fernão Dias, a sua mais querida personagem, muitas maneiras de se matar um filho. "Permitindo que os meus sejam criados na mentira, eu também estarei matando".

A enfocação crítica, desmistificadora, do passado e do grande bandeirante de modo algum visa destruir-lhe a imagem do homem excepcional. Essa imagem permanece intata (aprofundada e humanizada exatamente pela visão crítica e pela arte do dramaturgo), mas decantada das brumas do mito e das dubiedades dos "historiadores medíocres". Os erros trágicos cometidos por Fernão Dias e apontados por Vicente à própria personagem – erros que, segundo a peça, legados aos pósteros iriam ter consequências terrivelmente malignas – são, por assim dizer, postos em cena pela inserção didática da bandeira no plano maior do jogo político de Portugal e da Igreja. O próprio Fernão Dias terá de convencer-se de como foi usado por reis, papas e padres, sem que conseguisse ver que se tornara joguete de interesses completamente estranhos àqueles da colônia.

Não é objetivo deste comentário analisar a peça, mas dar uma ligeira ideia da sua contemporaneidade. "A gente desce dentro dos outros", diz Vicente, "e quando chegamos lá embaixo, encontramos o nosso próprio rosto, tudo o que somos". E constata: "A mesma responsabilidade diante dos fatos, a mesma indiferença".

A peça é um exemplo brilhante do teatro épico, no sentido de Brecht, em virtude da mediação do drama de Fernão

Dias pela mente crítica do narrador Vicente e do amplo jogo cênico-visual que situa a bandeira no vasto plano do mundo político. O horizonte necessariamente limitado de Fernão Dias, homem de ação incrustado no seu tempo e na sua situação, é ampliado e entra em choque com o horizonte atual, mais aberto e informado, do narrador contemporâneo. O conflito dos horizontes reflete-se no jogo cênico de planos simultâneos, cuja transformação em fato teatral deveria atrair e fascinar qualquer diretor ambicioso, dotado de uma visão dos fatos do nosso mundo. Parece, entretanto, infelizmente, que se pode aplicar a frase de Vicente ao teatro paulistano: "A mesma responsabilidade diante dos fatos, a mesma indiferença".

Teatro ou Televisão?[8]

Jorge Andrade é autor de uma obra de excepcional importância na literatura teatral brasileira. Aos romances da saga nordestina acrescentou o drama do mundo bandeirante, fixado nas dez peças do ciclo *Marta, a Árvore e o Relógio*. Há anos Jorge Andrade, cuja crescente repercussão internacional agora se confirma pela edição de *A Moratória* numa antologia de peças brasileiras, lançada em Berlim (Alemanha Oriental), não vê nenhuma de suas peças encenada pelo teatro brasileiro (a não ser, ocasionalmente, por grupos amadores). Existe, aparentemente, certa prevenção contra um autor que alguns, com base numa apreciação superficial e dogmática, julgam "passadista" ou "saudosista". Os encenadores apressados, interpretando mal a palavra de quem o chamou carinhosamente "o nosso grande poeta *do* ontem", não perceberam que isso, de modo algum, implica ser ele

---

8. Entrevista feita por Anatol Rosenfeld em *Argumento*, ano 1, n. 2, nov. 1973. Como epígrafe, coloca: "Autor de peças que marcaram época na história do teatro brasileiro, há anos Jorge Andrade vem sendo esquecido pelos nossos encenadores. Aqui ele comenta sua experiência pessoal dentro da 'crise do teatro', o novo trabalho na televisão e um romance ainda não concluído."

poeta *de* ontem. A obra de Jorge Andrade associa ao valor dramático intrínseco o de uma atualidade duradoura, em virtude da devassa crítica do passado, tanto mais aguda – e por vezes mesmo cruel, até a autoflagelação – por provir de quem, pela origem, pertence à classe dos senhores rurais, expoentes representativos desse mesmo passado. O fato de que laços afetivos o ligam a esse mundo de ontem valoriza, tanto mais, a superação e enriquece imensamente a obra.

A atualidade da dramaturgia de Jorge Andrade foi plenamente compreendida pelo crítico alemão Andreas Klotsch que, na edição mencionada, analisa *A Moratória* e destaca a forma modelar com que apreende criticamente uma fase de crise e de transformação histórica. Essa compreensão parece faltar, atualmente, aos responsáveis pelo teatro brasileiro. Não admira que Jorge Andrade tenha aceito a oportunidade oferecida pela TV Globo de narrar partes importantes de sua obra dramática através da telenovela. Afirmando que a sua despedida do teatro é definitiva, Jorge Andrade não se esquece de acrescentar: "no momento". A despedida, portanto, parece ser, paradoxalmente, "relativamente definitiva".

ANATOL ROSENFELD *Você é decerto um dos dramaturgos mais destacados do teatro nacional. Peças como* A Moratória, A Escada *e* Os Ossos do Barão *marcaram época na história do teatro brasileiro. Além da grande repercussão, tiveram notável êxito comercial. A sua recente decisão de escrever um romance e de invadir o campo da telenovela significa uma despedida do teatro?*

JORGE ANDRADE A despedida foi feita com a publicação do meu livro: *Marta, a Árvore e o Relógio*. Ela é definitiva – no momento. Eu senti que era realmente uma despedida porque o ciclo que estava escrevendo havia terminado. Eu me senti como uma pessoa que se tivesse proposto uma meta a atingir, e que tinha atingido. Inconscientemente, eu estava escrevendo uma história que não se resumia numa única peça, mas que se completava em todas as dez peças do ciclo. Tinha a impressão de ser alguém caminhando de uma escuridão para uma luz que, afinal, significava eu me sentir no mundo como uma pessoa, como um ser. Hoje penso que o teatro foi para mim apenas uma forma de libertação dessa escuridão. Eu lutava contra meus mortos e o teatro me fez assumi-los.

AR *A que você atribui a retração do teatro brasileiro em face de sua obra, justamente quando ela desperta interesse crescente em escala internacional? Há anos que não se encena nenhuma de suas peças, nem aquelas que já obtiveram grande êxito, nem as mais recentes que jamais foram encenadas pelo teatro profissional, isto é,* O Sumidouro *e* As Confrarias[9]*.*

JA Houve um tempo em que cheguei a duvidar da autenticidade do meu trabalho como dramaturgo. Senti que eu não era um verdadeiro criador do teatro, que possivelmente meu gênero deveria ser outro – pensamento que me surgiu diante da completa retração do teatro com relação a mim. Depois percebi – e acho que esta é a verdade – que houve uma fuga dos homens de teatro em geral, uma desistência de enfrentar o que realmente interessava colocar num palco – o homem brasileiro e sua verdade. Houve toda espécie de importação de ideias, de estruturas e de linguagens, numa tentativa de provar que o homem brasileiro era uma abstração. A partir daí, este homem sumiu dos palcos, e os dramaturgos que só podem escrever sobre ele deixaram de ter sentido. Sem dúvida, há um ou outro dramaturgo que ainda tenta escrever sobre o homem brasileiro, mas muito pouco lhes é permitido dentro da nossa atual realidade.

AR *Você se refere à censura?*
JA Sim. Mas não só à censura oficial. Eu disse numa mesa-redonda organizada pelo *Suplemento Literário* de *O Estado de S. Paulo* que, entre os piores problemas, não se contavam

---

9. *As Confrarias* (e possivelmente outras peças) foram apresentadas (em 1971) por um grupo amador de Santos, numa encenação muito aplaudida. (N. do A.)

só as interdições da censura oficial, mas também a censura dentro do próprio teatro, os preconceitos contra alguns dramaturgos de valor, entre eles também eu. Não é somente um ataque de fora para dentro do teatro, e sim também de dentro para fora. O teatro se autonegava ao procurar provar inutilmente que a palavra não tinha mais sentido, e menos ainda as formas já conquistadas através da sua história. Havia, com efeito, quem proclamava que a palavra não tinha mais importância, nem tampouco o homem – só o que importava era o que meia dúzia de diretores pensavam[10].

AR *Você poderia ser mais específico?*

JA Penso antes de tudo no verdadeiro sacerdote dessa tendência, que é José Celso Martinez Corrêa. Ele encontrou apoio entre as pessoas do teatro, desde críticos até atores e dramaturgos. O ataque era feito contra a essência do teatro. Os poucos que percebiam a virulência destrutiva desse ataque nada podiam fazer. Não admira que na confusão criada, mesmo críticos que eu respeitava procurassem provar-me que eu não estava mais na moda. Aí eu comecei a pensar que, se teatro é questão de moda, o meu estava errado, e não tinha mais sentido.

AR *Mas a sua dramaturgia não foi considerada fora da moda somente pelos expoentes do tradicionalismo, do misticismo oriental, do emudecimento compensado por contorções, ataques catalépticos e epilépticos, pelos adeptos do teatro agressivo, de exercícios cênicos de ioga, pelos diretores psicodramáticos e psicodélicos, por toda essa fauna curiosa que desarticulou*

---

10. Uma forte tendência antiverbal e antiliterária, favorável à pura "expressão corporal", alastrou-se nos fins da década de 1960 pelo teatro internacional e brasileiro, em parte sob a influência da mística eletrônica de Marshall McLuhan. De forma mais específica, atuou a influência do Living Theatre, cujos diretores, Julian Beck e Judith Malina manifestaram, durante a sua estada no Brasil como convidados de José Celso Martinez Corrêa, o seu desprezo radical pela palavra. Segundo Beck, a palavra é essencialmente mentirosa, e a literatura é a expressão de uma "civilização cerebral" – opinião que corresponde à atual fase anarcomística do Living Theatre. (N. do A.)

o teatro brasileiro com os seus espasmos e convulsões. Ela foi também "censurada" pelo lado contrário, que lhe recriminou a falta de engajamento progressista, não é verdade?

JA Sempre tentei registrar o homem que conheço – e o dramaturgo só pode registrar realmente o que conhece. Eu não poderia trair todos aqueles que conheço, e que fazem parte de uma realidade nossa, por exemplo, os homens do café e suas mulheres, que escreveram uma história importante neste país. Se não importa mais mostrá-los porque não estão na moda, não me restava mais mostrar ninguém. Agora eu pergunto: o teatro, na sua proposição maior, não deve registrar o homem no seu tempo e no seu espaço? Deixa de ser progressista quem registra o homem através da sua história? Afinal de contas, o que é ser progressista em teatro? Apresentar uma visão maniqueísta da verdade? Eu não aceito fazer de um personagem um poço profundo de maldade, pelo simples fato de ele pertencer a determinada classe, ou de outro personagem, um tesouro de virtudes por ser outra a sua situação econômica. Num fazendeiro, decadente ou não, eu posso ver e vejo um ser humano, evidentemente determinado, em certa medida, pela sua condição social. Acho que fui realmente um dramaturgo progressista, segundo o meu conceito, embora talvez não daqueles para os quais uma pessoa só é progressista quando tem a mesma visão partidária. Ser progressista significa para mim ter a obrigação de registrar o homem no seu tempo e espaço – isto é, determinado pelas condições históricas de seu país –, exatamente como ele foi e ainda é, e não como eu gostaria que fosse. Mostrar a morte de uma classe – classe que não tem mais sentido, mas a que, ainda assim, me ligam laços afetivos –, é não ter uma posição saudosista, mas sim progressista. Mostrar o esmagamento dos camponeses por essa mesma classe, como mostro em *Vereda da Salvação*, não é ser saudosista e sim profundamente engajado no futuro e no progresso do Brasil. Desmascarar os falsos historiadores, que procuram mitificar minha própria classe, como faço em *O Sumidouro*, também não é ser saudosista de uma história, mas historicamente progressista.

AR *Talvez a atitude negativa em face de sua obra se ligue também à chamada crise do teatro brasileiro. Esta crise será especificamente do teatro nacional, relacionada com aquilo que alguns, por exemplo, o cineasta Carlos Diegues, chamam de "vazio cultural"? Ou será de ordem mais geral, talvez determinada, em parte, pela concorrência do cinema e da televisão? Aliás, o diretor antes mencionado, e diversos dos seus seguidores, nem sequer falam de crise; segundo eles, o teatro já morreu. Qual é a sua opinião a respeito?*

JA Eu acho que a crise é do teatro em geral, em toda parte, não especificamente brasileira. As razões da crise eu não posso precisar. Mas num país como o nosso, de 100 milhões de habitantes, com boa parte deles analfabetos, com a esmagadora maioria composta de não frequentadores de teatro – como pensar numa crise se o teatro nem sequer começou a existir como expressão verdadeira desse povo? Em vinte anos, praticamente, continuam os mesmos dramaturgos de valor. Certo, surgiram outros, uma dramaturgia jovem. Mas, como eu já disse, não sabemos ainda aonde podem chegar como dramaturgos, frente à nossa realidade atual.

De um teatro que começa a nascer – e o teatro para nascer leva muito mais tempo que simplesmente vinte anos –, como é que podemos afirmar que tenha morrido? Que experimentos atuais, hoje ainda não conscientizados, não serão amanhã expressivos e fundamentais para a história do nosso teatro? As pessoas perdem o sentido de tempo e de história. Quando falam, parece que o homem não mais existirá daqui a cem anos. Acho uma leviandade incrível estar fazendo afirmações categóricas a respeito do que morreu ou não morreu.

AR *Atualmente, a sua telenovela* Os Ossos do Barão *está sendo preparada para ser apresentada pela* TV Globo[11]. *Consta que ela se baseia em duas peças,* A Escada *e a peça*

---

11. A entrevista com Jorge Andrade se realizou antes do início da apresentação da telenovela, que se deu em 10 out. 1973. (N. do A.)

que deu o título à telenovela. De que forma é possível adaptar duas comédias, de construção precisa e concisa, totalmente pensadas em termos de teatro, a uma telenovela de 120 capítulos? Como é que se faz isso? A linguagem das imagens televisuais coloridas não é muito diversa? O nível não terá de ser menos exigente? O trabalho extenuante não prejudicará a obra e eventuais outros projetos? Não há interferência de muitos elementos exteriores à obra – censura mais severa, exigência dos tele-especialistas, IBOPE, pressões provenientes do espichamento, diluição da concentração dramática, esfacelamento pela tendência episódica, caracterização mais grosseira das personagens etc.?

JA O trabalho é de fato absorvente e extenuante. Mas não tive grandes dificuldades com a adaptação como tal. Como as duas peças em que se baseia a telenovela fazem parte de um mesmo ciclo, que conta uma única história, as personagens da *Escada* e dos *Ossos do Barão* pertencem ao mesmo mundo que eu estava retratando no ciclo – mundo que dá para muitos capítulos. E tratando-se do mesmo mundo, as peças dentro do ciclo se completam. As personagens dos *Ossos* descendem do Barão de Jaraguá, da mesma forma como as da *Escada*. É a mesma família. É o mesmo drama e é, até, a mesma triste comédia. Fundir uma peça na outra não foi trabalhoso porque elas já se pertenciam. Antenor, o velho da *Escada*, já era filho do barão de cujos ossos o italiano Egisto é dono. Os temas da velhice e da decadência, assim como da vigorosa contribuição de uma nova classe de imigrantes, se complementam com naturalidade. Se conto a história de uma classe paulista, pertencem a essa história também os estrangeiros que vieram para cá.

AR *Não houve sugestões ou interferências por parte da TV?*
JA A TV Globo mostrou muita confiança, tanto assim que o contrato inicial é de dois anos. Ao contratar-me, a Globo me concedeu condições que tornaram viável meu trabalho: ela chegou a exigir que eu fosse absolutamente autêntico e não copiasse, como técnica, a nenhum outro telenovelista;

exigiu que apresentasse a *minha novela*, com a estrutura que eu achasse melhor. Assim eu fiz, e assim a novela foi aprovada, quando da entrega dos primeiros vinte capítulos, e do resumo de toda a novela.

Devo dizer que a experiência é absolutamente nova para mim. Como não tenho nada que ver com a encenação e gravação, só quando eu puder ver os primeiros capítulos já gravados eu vou ficar sabendo da qualidade da novela, como imagem e linguagem de televisão. Gostaria de acentuar que não estou baixando a linguagem dos diálogos, e nem a Globo pediu que eu o fizesse. O que me ajudou a passar da concentração do teatro para a novela em muitos capítulos foi, sem dúvida, a minha experiência de jornalista. Essa mesma experiência já me havia levado, antes da novela, para o gênero do romance. Acho que o jornalismo e a metade do romance que escrevi me facilitaram muito o trabalho na telenovela.

AR *Pode revelar algo sobre o romance que está escrevendo?*
JA No momento ele está parado. As condições de trabalho para a TV não permitem continuá-lo agora. Ele se chama *Labirinto* e baseia-se na minha experiência pessoal, sobretudo de jornalista que fazia reportagens para a revista *Realidade*. Transformei em personagens de ficção a mim mesmo e a homens conhecidos da realidade brasileira, entre eles Wesley Duke Lee, Murilo Mendes, Gilberto Freyre, Érico Veríssimo e homens e mulheres que conheci pelo Brasil fazendo minhas reportagens. Vou continuar a trabalhar neste romance logo que a TV me deixar tempo. O tema fundamental é um homem à procura de sua verdade, através do conhecimento da verdade do outro; no caso, um dramaturgo emparedado, expulso e negado pela sua própria classe, procurando na verdade artística de outros artistas brasileiros o sentido de si mesmo. Ele encontra tanto em Wesley, como em Érico, por exemplo, verdades que eram suas, e das quais ele não tinha conhecimento pleno. Revela-se que as formas artísticas de um povo partem todas de

uma verdade comum, refletindo a cultura que esse povo conseguiu ter.

AR *Você está, apesar de tudo, escrevendo alguma peça para o teatro?*
JA Cheguei a uma idade em que não posso mais escrever para não ser representado. Tudo que eu poderia dar ao teatro, e não posso dar mais – já que o teatro permanece fechado para mim –, eu pretendo dar à televisão.

3. CRÍTICA

Uma Escola de Crítica Teatral[1]

A crítica em geral, embora gênero literário, é parte integrante das artes que são seu objeto, visto abrir-lhes o espaço público de que necessitam para repercutir. Pelo menos nas grandes metrópoles do mundo atual ela é indispensável para uma vida artística intensa. De particular importância afigura-se a crítica teatral porque seu objeto é a mais fugaz das artes. Todas as outras têm permanência – no livro, mármore, tela, película, disco. Porém o teatro se concretiza somente no instante da representação, nesse convívio criativo entre palco e público, e não há meio para fixar esse fenômeno. Ademais, nenhum artista necessita mais do

1. A propósito do livro de Décio de Almeida Prado, *Teatro em Progresso: Crítica Teatral (1955-1964)*, Livraria Martins Editora, São Paulo, 1964. Republicado pela Perspectiva em 2002.

crítico do que o ator. Ao contrário dos outros, ele não vê a sua obra, não pode apreciá-la objetivada, separada dele. O encenador está demasiado envolvido no espetáculo para que suas observações críticas possam ser formuladas com objetividade distanciada, e o reflexo do desempenho no público define mais o efeito do que a essência da obra moldada pelo ator no material do próprio corpo. Somente o crítico pode servir de espelho, além de lhe garantir certa sobrevivência, pelo menos na dimensão da palavra.

Todos esses momentos realçam a importância da coletânea que, sob o título *Teatro em Progresso*, reúne as críticas que Décio de Almeida Prado escreveu no decurso dos últimos dez anos (1955-1964), acompanhando a vida teatral de São Paulo[2]. O título é expressão de um otimismo moderado, igualmente afastado da violenta autocrítica, de teor derrotista, e do ufanismo ingênuo – ambos frequentes no Brasil. O teatro brasileiro é, segundo o autor, um *work in progress*, isto é, em andamento, ainda sem a plenitude que outras artes já atingiram no Brasil; mas encontra-se ao mesmo tempo em progresso no sentido de desenvolvimento ascensional; e isso, felizmente, não se refere somente aos atores, encenadores e cenógrafos, e sim também aos dramaturgos nacionais, como acentua o autor[3], a despeito do que possam dizer críticos que inferiram, estranhamente, da obra em foco que o autor nacional continuaria "no limbo". Dentro desse progresso, por vezes hesitante e incerto, mas ao todo promissor e por vezes resultando em manifestações de grande brilho e força, a própria crítica de Décio de Almeida Prado é, mercê do seu alto nível e da constância com que aparece em *O Estado de S. Paulo*, parte importante e fator de vigorosa afirmação da vida cênica na capital bandeirante.

---

2. Esta coletânea é a segunda, antecedida de *Apresentação do Teatro Brasileiro Moderno*, de que constam as críticas de 1947 a 1955 [reeditada pela Perspectiva em 2001]. Publicação importante, do mesmo autor, é ainda "A Evolução da Literatura Dramática", em *A Literatura no Brasil*, v. II, direção de Afrânio Coutinho. (N. do A.)
3. *Teatro em Progresso*, p. 8.

No clima de opinião que se cria em torno de um espetáculo (não convém diminuir a importância cultural desse fenômeno), ela tem efeito centripetal pelo seu excepcional equilíbrio – que às vezes chega até a irritar um pouco, por sugerir – erradamente – isenção, atitude neutra e desapaixonada. Esse equilíbrio afirma-se também em face de certos tipos de teatro engajado (embora algumas manifestações desse teatro não pareçam corresponder à sensibilidade de Décio de Almeida Prado). Com efeito, longe de se enfileirar entre aqueles que julgam impossível um teatro ao mesmo tempo engajado e esteticamente válido (tal posição seria absurda para quem tem a erudição histórica do autor), ou entre aqueles que combatem o teatro de protesto social por razões políticas, ele lhe reconhece perfeitamente os méritos eventuais, tanto em tese como no caso concreto. Se por vezes é econômico no seu entusiasmo ante esse tipo de teatro, isso decorre na maioria dos casos do simples fato de que a peça de crítica social ou política não resulta com frequência em obra válida. Mas a objetividade, mesmo neste campo, ressalta pelo reconhecimento pleno da importância de Bertolt Brecht, embora seu teatro didático não lhe suscite grande paixão. E o crítico tem a lealdade de confessar, ao analisar *A Boa Alma de Set-Tsuan*, que "cada crítico é mais ou menos circunscrito por seus hábitos e crenças"[4].

Os ângulos da crítica teatral são múltiplos, visto o espetáculo ser uma síntese de muitos elementos. É evidente que cada crítico, segundo formação e tendências individuais, dará destaque variável aos elementos que integram a totalidade do espetáculo. Com as funções do crítico militante, porém, fundem-se ainda as de repórter e cronista, por vezes de historiador e sociólogo, pois o leitor de jornal precisa ser informado sobre o acontecimento como tal, em alguns casos sobre a reação do público, por vezes sobre a localização da estreia no contexto histórico do teatro brasileiro. Todos esses momentos encontramos em

---

4. Idem, p. 104.

Teatro em Progresso que, dessa forma, torna-se um documento histórico que ultrapassa de longe o âmbito da crítica especializada.

O autor possui em alto grau o "olhar duplo", necessário para distinguir os méritos e falhas que cabem à peça, ao diretor e ao ator: daí a segurança com que sabe apreciar o espetáculo na sua totalidade enquanto, ao mesmo tempo, distingue e valoriza os seus elementos. No que se refere a estes, sem dúvida tende a dar preferência ampla à peça, isto é, à crítica propriamente literária, embora naturalmente refira o drama à cena. Tal preferência é naturalmente um problema. De um lado, esta parte da crítica talvez seja a menos urgente, já que o texto permanece e será, em se tratando de um texto válido, objeto de uma futura crítica de elaboração mais vagarosa e minuciosa a que o crítico militante não pode entregar-se. De outro lado, porém, o leitor de jornal exige que se lhe separe o joio do trigo e espera, antes de tudo, a análise, interpretação e valorização da peça, principalmente quando se trata de peças mais complexas ou de teor insólito, coisa muito frequente na época do Teatro do Absurdo e de constantes experimentos cênicos, por vezes significativos, cuja elucidação requer a mediação do especialista. Ademais, de um modo geral tende-se a considerar o texto como o elemento mais importante do teatro declamado. Em termos de método crítico impõe-se, de resto, partir da intenção inerente – que se revela na peça – para depois passar à análise da adequação da estrutura literária (a esta intenção). Só depois disso se terá a base para analisar a encenação e o espetáculo em todas as suas facetas, para verificar a adequação delas à ideia e intenção fundamentais da peça. Isto explica certa preponderância da crítica literária.

Seja como for, mesmo quem não concordar inteiramente com esta preferência literária sentir-se-á recompensado pelas excelentes análises e interpretações de peças como, por exemplo, *Maria Stuart* (Schiller é pouco conhecido no Brasil, de modo que a ampla abordagem se justifica), de *Esperando Godot* (Beckett), de *O Dibuk* (An-Ski), e pela dissecação verdadeiramente magistral de peças como *A Morte do Caixeiro-viajante* e *Depois da Queda* (ambas de Arthur Miller). Sob este ponto de vista, o livro é um verdadeiro manual, particularmente para quem procura iniciar-se no teatro moderno.

Embora em geral dedique menor espaço aos elementos propriamente cênicos, o autor é dos raros críticos que conseguem caracterizar, muitas vezes em poucas linhas, o espírito de uma encenação, o trabalho de um diretor, o desempenho de um ator, a arte do cenógrafo. Vejam-se neste sentido as críticas de *Hamlet* (na encenação de Sérgio Cardoso) ou de *Ubu Rei* (dirigida por Alfredo Mesquita). Quando necessário, desce aos detalhes da dicção, do timbre de voz, do ritmo da fala, discute os dispositivos técnicos do palco, a tonalidade dos telões e figurinos, o contato entre palco e público. Nada mais difícil do que caracterizar, de um modo conciso, o trabalho de um ator, de dar uma imagem da sua personalidade e de como apreende a personagem. Para dar conta dessa tarefa não somente são necessários perfeito conhecimento do *métier*, ampla experiência, gosto apurado, mas sobretudo dotes de escritor. Precisamente neste campo a língua é pobre. Daí em geral a preponderância do clichê na crítica do ator – esses chavões como "forte", "fraco", "intenso", "adequado" etc. Afastando-se de semelhantes clichês, Décio de Almeida Prado apresenta – nos casos em que lhe parece valer a pena – o retrato vivo, inteiro, de um artista – de Cacilda Becker, por exemplo, recriando-a, e a sua arte, através da palavra exata, expressiva, sugestiva, que suscita no leitor a imagem inconfundível do seu desempenho. Semelhantemente, consegue captar a essência da arte de atores como Nídia Lícia, Sérgio Cardoso, Walmor Chagas, Dercy Gonçalves. Somente um escritor – isto é, um artista – poderia nos proporcionar esse espetáculo acrobático que é a crítica dedicada ao Circo Acrobático Chinês ou a apreciação aguda de *Eu Sou o Espetáculo*, de José Vasconcelos. Escritor, aliás, que não é pedante, mas dotado de muito senso de humor que, por vezes, aguça e enriquece a crítica com os reflexos e perspectivas da ironia.

Depois de terem exercido efeito imediato na vida teatral paulistana – efeito imponderável mas sem dúvida incisivo –, as críticas de *Teatro em Progresso* continuam leitura obrigatória para quem se interessa pelo teatro e, em especial, pelo teatro brasileiro, quer se trate do simples amante, quer da gente do teatro e dos críticos especializados. O livro é um manancial para o futuro historiador e uma magnífica escola de crítica teatral.

A Crítica Como Veículo de Informação

Palco + Platéia

Deve-se à iniciativa e tenacidade de Sérgio Junqueira de Arantes o aparecimento em 1970, em São Paulo, da revista teatral *Palco + Platéia* – façanha extraordinária num ambiente em que as revistas de cultura são raras, e muito mais raras as que se dedicam exclusivamente ao teatro. No momento parece que, além do novo periódico – mensário com o quarto número circulando – existe neste campo, no Brasil, somente a revista trimestral *Cadernos de Teatro,* editada no Rio de Janeiro por Maria Clara Machado. Infelizmente, é quase impossível obter esse periódico, de distribuição muito precária.

Enquanto nos *Cadernos* aparece muita matéria traduzida, a colaboração de *Palco + Platéia* é nacional, dedicada que é quase por inteiro à vida teatral brasileira atual, principalmente à de São Paulo. O conteúdo se compõe preponderantemente de críticas sobre as peças em cartaz e de artigos mais gerais sobre encenações, autores e problemas teatrais. Em geral, aparecem várias críticas sobre o mesmo espetáculo. Se o periódico conseguir manter-se, como faz supor a perseverança de Sérgio e da sua miúda equipe, ela contribuirá para ampliar o "espaço acústico" das atividades cênicas, proporcionando-lhes repercussão maior e mais prolongada. Esse eco impresso é de particular importância para uma arte de que perdura apenas o texto da peça e não o momento, inevitavelmente fugaz, do espetáculo propriamente teatral.

É de se esperar que a revista possa ultrapassar futuramente o seu aspecto regional, estendendo o seu serviço informativo e crítico, além de São Paulo, aos outros Estados. Esse intuito, aliás, encontra-se expresso numa circular em que a direção da revista promete manter ligação com os grupos amadores e entidades culturais dedicadas ao teatro, recebendo e difundindo informações referentes aos movimentos cênicos de todo o país. Seria importante que este propósito abrangesse também as atividades do teatro profissional sobretudo do Rio de Janeiro, mas também de outras cidades na medida em que nelas existir teatro profissional.

Sente-se amargamente a falta de intercâmbio de informações entre os centros teatrais do Brasil. Se hoje se fala com insistência do problema da integração nacional, caberia também, nesse campo, um esforço maior pelo menos no nível da informação, uma vez que o intercâmbio de grupos e companhias teatrais forçosamente é limitado pela falta de recursos.

Vale para o Brasil, neste como em outros domínios culturais, o que tantas vezes foi dito com relação ao mundo latino-americano em geral: os especialistas estão a par de tudo que ocorre em Paris, Berlim, Londres, Nova York, e de nada do que se faz em Lima, Buenos Aires, Belo Horizonte ou Recife, cidades onde, decerto, nem tudo é imitação das capitais mencionadas. As informações que, na América Latina, se recebem sobre a literatura e as artes na própria América Latina vêm, em geral, via Paris. Será grotesco se, qualquer dia, soubermos, em São Paulo ou no Rio, via Paris ou Roma, daquilo que se faz, em matéria de teatro, em Porto Alegre, Belém ou Salvador.

Segunda Parte:
ATUAÇÃO E COLABORAÇÃO

4. TEATRO AMADOR

Teatro na Hebraica[1]

O Conselho de Cultura da Hebraica, em concordância com os projetos que levaram à construção da bela casa de espetáculos do Clube, decidiu organizar um elenco e incentivar atividades teatrais, constituindo para esse fim uma comissão especial. Essa Comissão convenceu-se de que a Cebra (Cena Hebraica, ou como se queira chamar o núcleo teatral) pode exercer uma função importante nos planos do Conselho, fomentando a participação ativa de amplos setores

1. Texto que consubstanciou as recomendações de comissão especial designada pela Hebraica, em 1966, para propor um programa tendo em vista a criação de um grupo de teatro amador (membros: Anatol Rosenfeld, Fredy Kleeman, J. Guinsburg e Moisés Baumstein). Tal grupo amador não passou de projeto, conforme atesta Rosenfeld na condensação da palestra por ele proferida na Hebraica em 3 set. 1966: ver A Essência do Teatro, *Prismas do Teatro*, p. 21-26.

do quadro social nos empreendimentos culturais do Clube. Com efeito, as atividades teatrais amadoras, mais do que outras atividades culturais, são capazes de exercer intensa ação integradora, em dois sentidos: arte sintética, o teatro: (a) funde e integra múltiplos interesses culturais e, por isso mesmo, é capaz de (b) fundir e integrar um grande número de pessoas num interesse comum e coerente. Não é preciso insistir no fato de o teatro incluir uma vasta área de estudos e ocupações criativas, tais como a cenografia (artes plásticas, arquitetura, iluminação etc.), literatura em geral e, especificamente, literatura dramática, as artes ligadas à interpretação, dança, canto e música instrumental. A isso associa-se toda uma série de interesses históricos (principalmente história cultural e social), filosófico-estéticos, filosófico-morais e mesmo religiosos, já que o teatro, pelo menos em sua origem, manteve relações íntimas com o ritual e a mitologia. A apresentação de qualquer peça de certa importância pode e deve mobilizar amplas pesquisas em torno das implicações específicas da obra, sem interromper o ritmo dos estudos relacionados com o teatro em geral.

Outra vantagem das atividades cênicas é o seu cunho artesanal, que facilita uma criação "sob medida", isto é, adaptada aos interesses culturais da Hebraica e do seu quadro social. Uma peça teatral não é um produto "acabado" e definitivo; pode ser "ajustada", em certo grau, a diversos públicos e interesses (por exemplo: infantis, juvenis, adultos, grupos de vários graus de cultura e vários tipos de gesto etc.). Por isso mesmo, o teatro precisa manter contato com o seu público específico, procurando ativá-lo de todos os modos, através de debates, inquéritos etc. A comunicação teatral, sendo direta e sem mediação mecânico-técnica como as *mass media*, deve tirar o máximo proveito dessa sua qualidade única. Isso não exclui que se associem à Cebra atividades cinematográficas, por si mesmas menos próprias para um duplo programa cultural, e que se ponham ao seu serviço recursos técnicos, como por exemplo a gravação de ensaios em *video-tape* (recurso que pode facilitar o ensino).

Já foi mencionada a capacidade integradora do teatro. Em se tratando de teatro amador de um clube como a Hebraica, um dos fins precípuos da Cebra deve ser o de reunir um grande número de elementos interessados nas ocupações militantes (artísticas, cênicas) e culturais (audiência ativa, eventuais pesquisas em torno de uma peça). Deve-se visar, sem dúvida, a máxima perfeição artística; antes de tudo, porém, importa a formação ativa de equipes, a criação de certo *esprit de corps*, com exclusão total de estrelismo, que tende a suscitar atritos e fragmentações exatamente contrários aos fins visados por um grupo amador.

Em relação tanto aos elencos, quanto ao público (ou públicos), deve-se procurar proporcionar-lhes um entretenimento de bom nível artístico-cultural e, na medida do possível, de certa qualidade didática. Fazer teatro amador é um grande entretenimento (além de um trabalho estafante) e uma grande lição para os produtores, isto é, para todo o elenco e os seus diretores e colaboradores. É evidente que, mesmo o teatro amador, deve entreter também os consumidores, que não devem ser meras vítimas do divertimento do elenco. Além disso, no entanto, o teatro amador pode proporcionar ao público lições importantes e ativá-lo através de numerosos recursos (principalmente debates). O que importa é transformar o máximo número de consumidores em produtores, levando-os de alguma forma à participação ativa e à militância no Clube e no seu teatro. Para isso, pode contribuir em ampla medida a repercussão de um bom espetáculo criado pela Hebraica e o prestígio específico que daí pode advir para o Clube e para a Cebra. Sem dúvida, não se pode exigir espetáculos de categoria profissional e a montagem de peças complexas em condições que satisfaçam plenamente um público exigente. De outro lado, deve-se evitar a todo custo espetáculos inferiores que colham apenas o aplauso de parentes entusiásticos, admiradores inveterados de seus filhos, netos, irmãos e sobrinhos geniais. Neste terreno, tudo dependerá da seleção criteriosa de peças que possibilitem:

1. Compensar eventuais falhas artísticas pelo valor de atualidade, pela seriedade dos problemas ou pelo interesse específico que possam suscitar entre o público da Hebraica e de círculos mais amplos;

2. Distribuir os papéis entre o máximo número de atores para não sobrecarregar a capacidade de elementos individuais sem amadurecimento profissional;

3. Manipular as soluções cênicas, pelo diretor e seus colaboradores, de modo a se aliviar a responsabilidade dos atores individuais mediante recursos plásticos, cênicos, musicais etc.

Tais pontos referem-se, naturalmente, aos grandes espetáculos, para público amplo, que de tempos em tempos devem reunir o esforço concentrado da Cebra. Isso, porém, não exclui uma atividade menor e mais corriqueira, embora intensa, para a qual se recomendariam, em particular, obras não demasiado exigentes da dramaturgia nacional e universal, além de encenações experimentais de novas formas de teatro – ensaios estes que seriam de grande interesse e importância, mas de menor responsabilidade no que se refere ao acabamento dos espetáculos, além de visarem públicos menores, mais especializados e mais participantes. Para esta atividade "menor", de "estúdio", conviria contar com a colaboração de jovens dramaturgos potenciais, se for possível dos próprios quadros da Hebraica, estimulando-os mediante concursos dramatúrgicos.

A condução e supervisão de todas as atividades propriamente artísticas caberá ao Diretor-Artístico remunerado, que contará com o apoio do Diretor-Executivo (remunerado) da Cebra. Função essencial deste último será coordenar as atividades artístico-teatrais – que naturalmente devem ter intensa cobertura do periódico editado pela Hebraica, através de noticiário, comentários e críticas – com a atividade de seminários.

O amplo trabalho cultural a ser visado pela Cebra encontrará alimento e expressão parcial nos seminários teóricos e técnicos mantidos por ela. Os seminários – particularmente os teóricos – devem ser suficientemente autônomos para reunir um amplo círculo de interessados não necessariamente integrados nas atividades cênicas da Cebra. Ao mesmo tempo, porém, devem ser suficientemente ligados a tais atividades para lhes servirem de apoio e enriquecimento. Os seminários técnicos, evidentemente, irão interessar sobretudo aos elementos militantes da cena, quer da própria Cebra, quer de outras organizações. Deve-se supor, e mesmo exigir, que os seminários técnicos e parte dos teóricos sejam frequentados por todos os ativistas cênicos da Hebraica.

Os seminários até agora projetados representam um programa mínimo, relacionado com necessidades imediatas. Na medida do possível, devem ser ampliados mercê de matérias ligadas à cenografia (técnica, história), à história da interpretação e do teatro em geral, à teoria da interpretação e do teatro em geral, bem como a outros temas históricos e sistemáticos relacionados com o pano de fundo cultural das grandes épocas teatrais. Tudo isso, se possível, em função de peças a serem apresentadas. Sempre quando possível (e quando os professores o desejarem), os seminários podem recorrer ao elenco para ilustrar as lições através da apresentação de cenas.

Os professores deverão receber remuneração razoável. Deverão dispor, após as suas aulas, de tempo suficiente para que possam haver amplos debates. Deverão indicar bibliografias e incentivar trabalhos e pesquisas. Obviamente não se exclui a função docente não remunerada, principalmente de sócios da própria Hebraica (arquitetos etc.). A matrícula e participação nos seminários será cobrada, cabendo à Hebraica pôr certo número de bolsas à disposição dos interessados de posses reduzidas.

O planejamento e a coordenação das atividades totais da Cebra caberá a uma comissão, que delegará os poderes executivos ao Diretor-Executivo remunerado, já mencionado. Este, assistido por uma secretaria, será responsável pelo funcionamento dos seminários, devendo eventualmente representar a comissão da Cebra e o Conselho de Cultura da Hebraica junto ao Diretor-Artístico da Cebra. A comissão, por sua vez, cuidará de entrosar o plano teatral (elaborado em conjunto com o Diretor-Artístico e o Diretor-Executivo), com os princípios básicos das atividades culturais determinados pelo Conselho de Cultura da Hebraica.

Valor Educativo da Arte Dramática

Imaginação e Criatividade[2]

Merece aplauso e divulgação a iniciativa do Serviço de Extensão Cultural da PUC (Pontifícia Universidade Católica) de São Paulo, o qual, ao que parece pela primeira vez no Brasil, acaba de realizar (de 20 a 28 de julho de 1970) um curso de teatro aplicado à educação. O curso contou com uma afluência tão grande que, apesar da distribuição dos participantes por vários grupos de debates sobre as conferências, grupos de trabalho e de relatos, de experiências e de exercícios etc., tornou-se necessário limitar o acesso dos interessados.

A iniciativa teve sobretudo fins práticos, visando atender à demanda de futuros docentes, já que se abre um novo mercado de trabalho graças à recomendação oficial das atividades dramáticas na Escola Pré-Primária e Primária, além de ter sido incluída a área da arte dramática como uma das

2. FN, jul. 1970. O autor se refere ao "Curso de Teatro Aplicado à Educação", do qual foi palestrante; outros foram: Clóvis Garcia, Celso Nunes, Isodoro Blikstein, Joel Martins, Guiomar Namo de Mello, Maria Iracilda Robert, Grupos de Estudos de Psicodrama de São Paulo, Célia Baptista, Fanny Abramovitch, Naiza Oliveira França, Maria Alice Vergueiro e Regina Braga (*O Estado de São Paulo* 23 jun. 1970).

disciplinas optativas do Ciclo Ginasial dos cursos de Grau Médio do Estado de São Paulo etc.

Entre os momentos que os organizadores do curso consideram como sendo de alto valor educativo na atividade dramática, destacam-se os seguintes: formação social da criança e do adolescente, uma vez que o teatro é um vivo exemplo do trabalho de equipe, servindo de instrumento para um indivíduo se comunicar com o outro, com o grupo e com a sociedade em geral; desenvolvimento da sensibilidade artística e da criatividade; educação para aproveitar o lazer, levando o aluno a fazer teatro ou a participar como público lúcido; integração dos conhecimentos ministrados em outras disciplinas, visto o teatro possuir elementos de diversos campos culturais, tais como literatura, filosofia, história, música, artes plásticas, artes industriais, sociologia, comunicações sociais etc.; ação profilática em possíveis desajustamentos da personalidade dos alunos, oferecendo-lhes meios para desenvolver a sua autoconfiança, para situar a fantasia na realidade e para expressar o pensamento através da palavra; expressão da personalidade do jovem aluno.

Acrescente-se que a possibilidade de a criança assumir papéis fora da sua realidade imediata, de personagens de outro grupo social e outra condição, é uma poderosa contribuição para ampliar-lhe a imaginação e expandir-lhe a sensibilidade e a visão social e humana.

Esperamos que a excelente iniciativa da PUC de São Paulo repercuta em outros centros brasileiros.

Duas Notas Teatrais[3]

Mico no Morro

Os jornais já noticiaram a iniciativa do Grupo Teatral Perspectiva de Santos (Persan), dirigido por Otto e Florence Buchsbaum. Há muitos meses vem apresentando

3. Suplemento Literáririo, *O Estado de São Paulo*, 6 abr. 1968.

gratuitamente, aos domingos, nos morros de Santos, o *Pedro Mico*, de Antonio Callado, a um público que se reúne convidado pelo ritmo dos batuqueiros do grupo e pela disponibilidade domingueira. Não contando as "peruas" (vans) postas à disposição pela Prefeitura de Santos, o grupo sustenta-se apenas graças à paixão pelo teatro. Não dispõe de nenhum elemento cênico, nem sequer de um estrado para demarcar o espaço fictício da cena. Em simplicidade de recursos, a companhia supera Piscator, que na década de 1920 percorria os bairros de Berlim com um carrinho cheio de acessórios, e a do próprio Téspis, com seu carro mítico. Os apetrechos indispensáveis, mesa, cadeiras alinhadas para representar uma cama, objetos de cozinha, são emprestados, em cada caso, pelos habitantes dos morros a quem se apresenta a peça.

Foi pelo menos isso que ocorreu na tarde do domingo em que assisti ao espetáculo, nas alturas do Morro de São Bento, sob um sol abrasador. Como local, serviu um pequeno Largo batizado com o nome da senhora que, há cerca de quarenta anos, inaugurou o pequeno núcleo residencial (entre os muitos do morro) e que ainda vive ali, exatamente como sua irmã, enfermeira da Santa Casa. "Moro aqui há trinta e sete anos, diz a enfermeira, e é o primeiro espetáculo teatral a que assisto!" O público que se reúne chamado pelo batuque dá a impressão de pequena-burguesia extremamente pequena. Os habitantes do morro santista não têm semelhança nenhuma com Pedro Mico, o malandro do morro carioca romanticamente glorificado na peça de Callado, assim como o Gimba na de Guarnieri. As mulheres daqui nada têm que ver com as companheiras dos heróis cariocas. Mas é evidente que também aqui os homens não usam *black-tie*. Muitos certamente gostariam, como o jovem operário da peça de Guarnieri, de descer do morro para ascender socialmente, ao contrário dos malandros safados e puros para os quais a descida das alturas, em vez de ascensão, seria uma "queda" dentro do mundo vil da corrupta ordem urbana. A não ser que se tratasse de uma descida coletiva como a recomendada pela companheira alfabetizada de Pedro Mico.

O público, em pé, cerca os atores que, atuando em terreno desconhecido, muito acidentado, observam flexivelmente marcações em parte improvisadas. Coisa difícil, pois os espectadores do morro santista, estreitando cada vez mais o círculo (e não retidos por cordas), invadem o morro carioca; entram nele não só com a imaginação e sim também fisicamente. Há alguns, excessivamente ubíquos, que graças aos seus transistores, estando no Rio e em Santos, nos morros da Catacumba e no de São Bento, assistem, ainda assim, ao jogo do Pacaembu. Sem dificuldade, desdobram-se, para usarmos terminologia *up to date* (atualizada), entre dois veículos extremamente diacrônicos, entre duas fontes, dois canais e, por isso mesmo, duas mensagens estruturalmente diversas. Meu vizinho, participando das malandragens de Pedro Mico – aliás, bem representado por Cláudio Coutinho, tipo ótimo –, experimenta simultaneamente o chute de Benê, não sem pespegar ao mesmo tempo um cascudo no filhinho ("Fica quieto, peste! Vai, vai comprar um pirulito!").

O Guarda Que Atirou Contra Otelo

Falando de veículos: pode-se discutir sobre o ser específico da imagem fornecida casa adentro numa reportagem da TV transmitida diretamente. Essa imagem não é ficção, mas também não é realidade, embora a reproduza enquanto acontece. Trata-se de um problema ontológico difícil. Não há, porém, a mínima dúvida de que o teatro apresenta ficção já que, mesmo quando se refere a realidades acontecidas, apenas as representa através de atores que desempenham papéis. O teatro é totalmente ficção, a não ser em casos-limite de *happening*. Pode-se ter a certeza de que nenhum dos espectadores do morro santista, nem sequer dos infantis, jamais confundiu o próprio morro real com o carioca da ficção.

Por isso mesmo, surpreende que, num artigo[4], um pensador como o Sr. Gustavo Corção confunda a erotomania real com a erotomania representada no teatro. É evidente que a sociedade precisa aparelhar-se para reprimir os males, enquanto reais. "Ou não há mal?", pergunta o articulista, falando da erotomania representada no palco. "E se não há mal também não se entende a proibição que limita a atividade dos batedores de carteira, dos violadores de meninas, dos homicidas e dos vendedores de entorpecentes". A confusão é evidente. Proíbe-se, felizmente, o homicídio, crime máximo, mas pelo menos até agora não se proibiu que este crime, ou os outros mencionados, fizessem parte do enredo de uma peça. A erotomania, ao que parece, nem sequer crime é, embora provavelmente seja um mal. Sem dúvida, porém, é um mal menor do que o homicídio. Desde quando não se pode *representar*, isto é, apresentar ficticiamente, os mais variados males no teatro? Desde quando a arte não pode dar uma visão imaginária tanto das virtudes como dos vícios? A tese que confunde o mal real com o mal representado é perigosa. Impede que se apresente uma imagem honesta da realidade, isto é, impede a difusão da verdade. Impede a abordagem, em termos imaginários, de toda a gama de valores morais, quer positivos, quer negativos, sendo óbvio que os positivos se destacam no fundo dos negativos.

A ficção permite a vivência, felizmente apenas imaginária, do pecado. Sem esta vivência mental, nem sequer se pode chamar um ser humano de moralmente maduro. Segundo Thomas Mann, os grandes moralistas quase sempre eram também grandes pecadores. Melhor que o sejam na imaginação. Viver o pecado imaginariamente antes impede do que estimula a sua perpetração real – Aristóteles já o sabia ao falar, há quase 2500 anos, da catarse proporcionada pelo teatro.

Confundir ficção e realidade é agir como aquele guarda mencionado por Stendhal[5] que, num teatro de Baltimore

---

4. *O Estado de S. Paulo*, 9 mar. 1968.
5. Henri-Marie Beyle, mais conhecido como Stendhal (1783-1842), escritor francês.

(EUA), teria atirado contra Otelo, exclamando: "Nunca se dirá que na minha presença um negro danado matou uma mulher branca".

Das peças brasileiras ultimamente proibidas, cheguei a conhecer somente *Santidade*, de José Vicente de Paula[6]. Este jovem de vinte e dois anos é um grande talento, a julgar por esta primeira peça. Comparada com certas obras clássicas de Aristófanes ou atuais de Jean Genet, ela é quase um modelo de pureza, embora pertença, sem dúvida, ao gênero do "realismo sexual" e tenha, neste sentido, alguns momentos "fortes", talvez até "chocantes", para o chamado "cidadão médio". Há também palavrões, cujo número, aliás, não contei. A esse respeito, o juiz americano John M. Woolsey, ao liberar em 1933 o romance *Ulysses*, de James Joyce, declarou que a tentativa do autor

de abordar o seu tema sincera e honestamente, colocou-o por vezes diante da necessidade de usar certas palavras que em geral são consideradas indecentes... As palavras atacadas como chulas são de origem saxônica antiga e familiares a quase todos os homens mas também – ouso afirmá-lo – a muitas mulheres. São palavras que natural e habitualmente, assim creio, são empregadas por aqueles tipos do povo cuja vida física e psíquica Joyce procura descrever. Se a técnica, tal como Joyce a usa, nos agrada é uma questão de gosto. É ocioso não concordar com ela ou discutir sobre ela. No entanto, parece-me quase absurdo querer submeter esta técnica aos critérios de outras técnicas. De acordo com isso, julgo que *Ulysses* é um livro sincero e decente e acredito que o julgamento crítico desse livro deve partir de sua ideia básica.

O juiz citado exalta como altos valores a sinceridade e honestidade de Joyce, assim como a verdade de sua obra. A liberação do romance, um dos mais importantes do século, dependeu, todavia, para que a lei fosse cumprida, de testes relativos à sua capacidade de excitar o impulso sexual de "uma pessoa com sentimentos sexuais normais". Semelhante lei, evidentemente, não tem cabimento. Não é

---

6. A peça foi censurada em 1967 pelo Marechal Costa e Silva.

possível fazer depender a divulgação de uma obra de arte das possíveis excitações de *l'homme moyen sensuel* (homem medianamente sensual), cidadão pretensamente "normal" que, caso exista, se distingue precisamente pela sua sensibilidade anormal.

A esse respeito, é de interesse o parecer do promotor público Buchholz, apresentando em Hamburgo (Alemanha), no processo movido, em 1962, contra o romance *Notre-Dame-des-Fleurs* (*Nossa Senhora das Flores*), de Jean Genet, obra que, como já foi sugerido, devido ao extremo de sua franqueza, envergonha por assim dizer as ousadias muito relativas de *Santidade*. Neste processo, o próprio promotor empenhou-se pela liberação do livro que, como tal, certamente é também consumido pela juventude. O critério fundamental de Buchholz é que o romance é uma obra de arte (segundo pareceres de críticos respeitáveis e a opinião do próprio promotor). É possível, expõe, que o "homem normal", sem cultura literária, julgue o livro indecente. Todavia, é preciso tomar em consideração a natureza da arte contemporânea. Deve prevalecer não a apreciação do "homem médio" e sim a do homem interessado em arte moderna. Muitas cenas do livro de Genet são sem dúvida "obscenas segundo as concepções morais dominantes", mas "não é este o critério segundo o qual vós, senhores juízes, tereis de julgar a obra. O juízo geral, correspondente às concepções morais burguesas, é o do leitor normal, médio, não interessado em arte ou na compreensão da arte moderna. Tal juízo vós deveis deixar de lado. Decisivo é somente o homem interessado na arte que se esforça por entender a arte moderna".

Ademais, a liberdade da arte precede a proteção da juventude. "Que seria da arte se ela ficasse limitada pelos interesses da proteção da juventude?" O mesmo ocorre com as preocupações relativas ao leitor médio, não interessado em arte contemporânea. Os melindres dele não devem ser tomados em consideração: "Sua reação é sem importância. A arte não deve ser medida com critérios extra-artísticos.

Isso contradiz o sentido da constituição, que garante a liberdade da arte".

A conclusão do promotor é que o livro de Genet não suscita escândalo entre apreciadores que se esforçam por compreender a arte moderna. Mesmo se os juízes não estiverem plenamente convencidos, mas tiverem dúvidas, deverá prevalecer o princípio *In dubio pro reo*[7]. Em caso de dúvida, deve-se decidir "em favor da liberdade da literatura".

Tudo que foi exposto certamente se aplica também ao teatro, que tem a vantagem de poder restringir o acesso aos adultos. Quanto a estes, diz muito bem o Sr. Arruda Campos: "A tutela é tão somente para os imaturos que se acham subordinados ao pátrio poder. Os maiores de idade, que sabem se conduzir na vida, não precisam da licença de terceiros para que leiam um livro, assistam a uma peça, contemplem uma escultura ou uma pintura."[8] A repressão é necessária contra ações nocivas, enquanto reais, não enquanto representadas no espaço fictício da cena.

O juízo do promotor de Hamburgo foi citado não porque deva servir de modelo a qualquer outro país, mas porque provém de um homem esclarecido que julga com bom senso dentro das limitações da lei alemã, bastante rigorosa no tocante à pornografia. A pornografia é abjeta e não merece em si a mínima condescendência. Porém, é preferível a existência de obras pornográficas – que, aliás, abundam em qualquer banca de jornal, acessíveis a todos, ou em certos cinemas de ínfima categoria – a suprimir-se sequer uma única obra de arte verdadeira, julgada pornográfica por quem, tendo embora as melhores intenções, não sabe distinguir obras de arte, ao ponto de considerar pornografia a representação de uma obra esteticamente válida, simplesmente por conter elementos obscenos. É lamentável ocorrer constantemente a confusão entre o obsceno, que faz parte de inúmeras obras-primas da arte universal, e a

---

7. A dúvida interpreta-se a favor do réu.
8. *O Estado de S. Paulo*, 17 mar. 1968.

pornografia, que é a exploração comercial do obsceno em produtos sem nenhum valor artístico.

Quem entende um pouco de teatro e literatura sabe que *Santidade* é uma obra que, conquanto tenha defeitos, é esteticamente válida. Seu autor, sem dúvida, lutou seriamente com os problemas humanos abordados. Há cenas de extraordinária beleza e de um poder surpreendente em peça de autor tão jovem. O contexto total "suspende" a obscenidade inevitável de certos momentos (inevitável dadas as questões focalizadas que, de modo algum, podem ser excluídas da arte). Em nenhum caso – isto é do conhecimento de qualquer aluno da primeira série ginasial – se pode identificar o autor e o significado total da peça com as palavras ou blasfêmias proferidas por uma personagem. O contexto da obra revela claramente que o autor não teve a mínima intenção pornográfica e que está longe de exaltar a pederastia (embora certa personagem talvez o faça). Para quem não tiver uma noção muito superficial da religião, evidencia-se que a peça é expressão de uma profunda e torturada experiência religiosa e, neste nexo, mesmo a blasfêmia tem mais significado religioso do que os sinais automáticos e exteriores de uma piedade rasa que, segundo a palavra de Kierkegaard, transforma até o Deus verdadeiro em ídolo, da mesma forma como o medo da verdade transforma a moral em hipocrisia.

Os Amantes do Teatro[9]

Os jornais noticiam o início da fase final do VIII Festival de Teatro Amador do Estado de São Paulo, que se realizará de 15 a 31 de outubro de 1970 em Santos. O programa dos quinze grupos finalistas é exigente. Ao lado das tradicionais encenações de Martins Pena, encontramos peças de Dias

---

9. FN, out. 1970. Publicado com o título Os Amadores Não São Nada Tímidos.

Gomes, Jorge Andrade, Boal e Guarnieri. A maioria dos grupos apresenta peças nacionais. Mas alguns escolheram peças clássicas ou autores franceses modernos: Aristófanes, Goldoni, Claudel e Ionesco. Como se vê, os amadores não são tímidos e lançam-se corajosamente à aventura cênica. Entre os autores nacionais, Dias Gomes aparece duas vezes com *O Santo Inquérito*, e duas vezes aparece também o único dramaturgo, entre os finalistas, que saiu das fileiras do teatro amador: Hamilton Saraiva. Aparece com a peça *O Choque das Raças*, peça futurologista (baseada num conto de Monteiro Lobato), cuja ação se desenrola em 2228 d.c., após a III Guerra Mundial. Hamilton Saraiva, talentoso autor de várias outras peças, obteve recentemente êxito com *Todos ao Subúrbio*, obra original, meio entre o absurdo e o engajado, apresentada no Teatro Artur Azevedo pelo grupo amador Teatro Jambi de Comédia, sob a direção do próprio autor.

Para chegarem à fase final em Santos, os quinze grupos tiveram que passar por árdua competição eliminatória (em agosto) e outra, semifinal, no mês passado, apoiados nas subvenções da Comissão Estadual de Teatro. Poucos sabem que no Estado de São Paulo existem cerca de 270 grupos amadores (com a média de 12 participantes estáveis), filiados a dezenove federações, estas por sua vez filiadas à Confederação. Somente na Capital funcionam 32 grupos, 12 dos quais na zona de São Miguel. O movimento amadorístico, que tem os seus momentos altos nos festivais locais, estaduais e nacionais, alcançando um público considerável, diverso daquele que frequenta o teatro profissional, é uma demonstração cabal da vitalidade do teatro, da enorme atração que exerce e do seu valor educativo, acentuado por todos que dele participam. Os que se dedicam de forma permanente ao teatro amador são apaixonados e "viciados". Como acentua Carlos Pinto, líder da Confederação, o teatro é para eles uma "cachaça" e ao mesmo tempo um sacerdócio. Tomara que todos tivessem vício semelhante!

Muitos entre os amadores não pensam, de modo algum, em fazer teatro profissional. Há aqueles que chegam a prejudicar a sua vida particular por causa da sua paixão. O amador completo mexe em tudo que faça parte do trabalho cênico. Vira marceneiro, alfaiate e eletricista. Hamilton Saraiva, por exemplo, além de ser autor, ator e diretor, aliás também fundador do grupo Teatro Jambi de Comédia (Penha), que existe há quinze anos, é por cima também técnico, especialista em iluminação (de profissão é guarda-civil).

Há muitos motivos, entre eles certamente também inconvenientes, para alguém se tornar aficcionado do teatro amador. Certamente, prevalecem motivos pessoais. Entretanto, entre as razões alegadas, numa pesquisa realizada entre dez grupos da Capital, a maioria (6) acentuou objetivos sobreindividuais: esclarecimento maior e análise crítica no campo político-social da realidade brasileira, ampliação dos conhecimentos nesse terreno, tanto do grupo amador como do público. Três outros grupos declararam preferir montar textos que possibilitem a ampliação da cultura geral do grupo, através de pesquisas, estudos, debates etc. O último grupo visa a aplicar o teatro a fins terapêuticos. Dos dez grupos examinados, três se constituíram à base de amizade, três em conexão com entidades oficiais ou particulares, três em conexão com escolas, enquanto o último está ligado a uma clínica de orientação terapêutica.

O assunto é vasto. Vale a pena voltar a ele.

Teatro ao Encontro do Povo

O sr. Otto Buchsbaum, de quem *Fato Novo* publicou uma entrevista[10], é conhecido meu desde os tempos em que tive a oportunidade de assistir a um de seus espetáculos (*Pedro Mico*, de Antonio Callado)[11] num morro de Santos, debaixo de um sol capaz de acender meu cachimbo. Parece-me

10. FN, n. 29, 11 nov. 1970.
11. Ver Mico no Morro, supra, p. 93-95.

importante a atividade do casal – a sra. Florence colabora intensamente com o marido – no sentido de levar o teatro às camadas populares e admiro o empenho com que se dedicam a essa tarefa. Todos que atribuem ao teatro uma função relevante e que estão insatisfeitos com a sua difusão restrita, entre grupos minoritários, devem apoiar o trabalho do casal.

Posto isso, é preciso dizer, contudo, que Otto Buchsbaum se entrega, ao meu ver, em demasia a uma polêmica infrutífera e contraproducente. O teatro na praça pública, tal como preconizado pelo casal, não implica o desprezo pela encenação de espetáculos dentro de prédios especialmente construídos para tal fim (os chamados "teatros"). Considerar todo o teatro profissional simplesmente como "comercial" é dar a esse termo um uso extremamente lato. Convencionou-se chamar de comercial aquele tipo de teatro profissional que, visando exclusivamente ao lucro, apresenta peças superficiais, de amplo apelo para um público em busca de divertimento raso. Ora, é sabido que precisamente no Brasil, boa parte do teatro profissional se esforça por apresentar peças e espetáculos de bom nível, por mais que se possa discordar, em muitos casos, da encenação e da escolha das peças. De modo algum se pode dizer que autores brasileiros como Jorge Andrade, Plínio Marcos, Antônio Bivar, José Vicente, Leilah Assumpção, Consuelo de Castro, para não mencionar Ariano Suassuna, Dias Gomes e outros já citados pelo próprio sr. Otto Buchsbaum, tenham feito uma dramaturgia hermética, alienada, fossilizada ou degradada, para mencionar apenas alguns dos termos usados pelo sr. Buchsbaum. Tampouco se pode negar o valor de diretores profissionais como Augusto Boal, José Celso Martinez Corrêa, Celso Nunes, Silnei Siqueira, José Antunes Filho, Ademar Guerra e muitos outros.

Concordo com quem disser que certa faixa do teatro se entregou ultimamente a "momices, cambalhotas e cabriolas" e que "quem agride um masoquista que paga entrada para ser agredido é um lacaio". Comete, porém, uma generalização absurda quem, como o sr. Buchsbaum, enquadra neste tipo de teatro gratuito e inautêntico todo o teatro profissional. Deve-se reconhecer também que a situação do teatro profissional é muitas vezes incômoda, visto atingir com seus espetáculos, quase sempre apresentados com grande sacrifício, frequentemente o público errado. Mas há, hoje, um número surpreendente de jovens, sobretudo estudantes das escolas secundárias e superiores, que frequentam assiduamente os teatros e não se deve desprezar esse público, embora talvez não pertença às camadas às quais se dirige o Teatro ao Encontro do Povo.

O teatro profissional é necessário, evidentemente. Somente ele pode estabelecer padrões de qualidade artística que dificilmente ou só em casos excepcionais podem ser alcançados por outros tipos de teatro. Apesar disso, somente o teatro profissional pode servir a esses outros tipos de teatro como modelo qualitativo, embora não necessariamente como modelo a ser imitado em todas as suas opções estéticas. Ademais, somente uma intensa vida cênica profissional pode estimular e sustentar, a longo prazo, uma dramaturgia nacional vigorosa, inspirada pela realidade brasileira. Dessa dramaturgia se beneficia, em última análise, o próprio teatro amador a que pertence, atualmente, também o Teatro ao Encontro do Povo, apesar das reservas expressas pelo sr. Buchsbaum a respeito do amadorismo.

Quanto às subvenções, deve ser salientado que a Comissão Estadual de Teatro tem apoiado os cursos do sr. Buchsbaum, embora talvez não na medida desejável, quer por falta de verba suficiente, quer por ter de atender outras solicitações respeitáveis. No que se refere aos empreendimentos propriamente teatrais do TEP, não puderam ser subvencionados pela CET por uma razão jurídica simples: as atividades do TEP não se enquadram no teatro profissional (por não serem as de uma empresa constituída), nem no amador (embora o sejam) por não se filiarem os grupos do TEP a uma das federações de amadores, condição indispensável à concessão de subvenções pela CET. Filiando-se – o que é mais fácil do que modificar parágrafos – receberão subvenções. Isso não exclui que se devam envidar esforços para dar maior flexibilidade aos parágrafos para poder atender, eventualmente, atividades como as do TEP.

Ainda o Teatro Popular

Voltando a levantar algumas das questões levantadas pelo Sr. Otto Buchsbaum no n. 32 de *Fato Novo*[12], convém salientar que não defendi nenhum *establishment* teatral (caso exista) e nenhum tipo de teatro em particular. Manifestei-me em favor do teatro em geral e do teatro brasileiro em especial, enquanto praticado com seriedade e empenho qualitativo. Tal teatro deve ser apoiado em todas as suas modalidades, tanto profissionais como amadoras (incluindo o teatro infantil, estudantil, popular).

Quando o Sr. B. fala do "teatro popular nascente", decerto não se refere às várias formas de teatro que brotam espontaneamente do próprio povo (por exemplo, escolas de samba, bumba-meu-boi etc.), visto terem uma tradição vetusta. Evidentemente, refere-se ao seu próprio movimento, isto é, a um teatro feito para o povo pela iniciativa de quem não se considera propriamente "povo", no sentido vago em que o termo vem sendo usado. Todavia, também esse teatro não é tão "nascente" assim como insinua o Sr. B., que parece acreditar ser o primeiro a querer fazê-lo. O que diz a respeito não é novo. Não é o primeiro a empenhar-se por essa ideia no Brasil. É preciso só pensar no Teatro do Estudante e no Teatro Popular do Nordeste (em Pernambuco; em São Paulo e em outros Estados houve esforços correspondentes) e ler os seus manifestos para convencer-se da semelhança das ideias. Numa palestra – "O Teatro, Arte do Povo" –, Hermilo Borba Filho disse em 1945: "O teatro brasileiro tem vivido fechado nas casas de espetáculos, caro,

---

12. FN. 2 dez. 1970.

inacessível ao bolso da maioria. O nosso teatro precisa... tomar ar, respirar a plenos pulmões." E até Gilberto Freire saudando, naquele tempo, o Teatro do Estudante de Pernambuco, disse que "o mal do nosso teatro está em ter-se desenvolvido como um divertimento burguês ou só para burgueses ricos ou quase-ricos. Perdeu o contato com o povo mais simples"[13].

As boas ideias não precisam ser novas para merecerem apoio. É ótimo que o Sr. B. as divulgue de novo e se bata por elas, numa luta difícil que, no fundo, para ser bem sucedida, pressupõe a integração de imensas massas marginalizadas – integração ligada a um amplo processo de desenvolvimento. É ótimo também que o Sr. B. não espere até que elas tenham sido integradas, mas que deseje contribuir, à sua maneira, para ajudar a integrá-las.

Infelizmente, devo dizer que o Sr. B. tende a exagerar o alcance do movimento iniciado por ele mesmo ao dizer: "Não sei se é coincidência, mas em várias cidades, logo após darmos início à nossa campanha, começou a construção de teatros municipais". Posso garantir que se trata de coincidência. A construção de tais teatros, aliás amplamente apoiada por subvenções da CET (contra a qual o Sr. B. investe) obedece a planos longamente elaborados. Ademais, para quem luta em prol de um teatro de rua, tais construções custosas, se decorressem da sua campanha, seriam quase uma afronta.

Tampouco é correto dizer que o teatro popular, nascente ou não, "distingue-se totalmente" das modalidades do teatro profissional ou amador. Pode ser amador (como o estudantil de Pernambuco ou o do Tusp – Teatro da Universidade de São Paulo, daqui de São Paulo) e pode ser também profissional. Há anos o Teatro Popular do SESI (por mais que se possa divergir da programação) vem fazendo teatro profissional "ao encontro do povo", gratuito, com

---

13. Joel Pontes, *O Teatro Moderno em Pernambuco*, São Paulo, [Desa] 1966. (N. do A.)

enorme afluência popular[14]. Teatro popular, igualmente em nível profissional, faz também o Circo do Povo, de Nathalia Timberg, atualmente instalado em Osasco onde, a preços ínfimos, apresenta peças populares a um público composto principalmente por operários. Teatro para o povo, no melhor sentido, foi também a apresentação profissional, com enorme afluência popular, de *Morte e Vida Severina*, por Paulo Autran, num circo montado no Parque Ibirapuera. E nos dois últimos casos – e em muitos outros –, a CET concorreu ou está concorrendo com subvenções, de modo que não é correto dizer ou desenhar (ver a caricatura que "acompanha" o artigo do Sr. B.) que "a CET não tem dado apoio ao teatro popular". Na medida em que haja *propostas concretas* de fazer teatro popular, a atual CET as apoia com imensa satisfação.

No entanto, não há país em que se subvencionem grupos sem nenhuma situação jurídica. Precisamente por ser o dinheiro do povo, é necessário rigor na distribuição. A CET subvenciona *espetáculos* concretos e não campanhas ou movimentos mais ou menos vagos. O Sr. B. não dirige, há anos, grupo nenhum. Não pediu, por isso mesmo, dinheiro em função de nenhum espetáculo. Realiza apenas conferências – subvencionadas – e, ao que parece, campanhas, para as quais não há verbas. Segundo afirma, há 60 grupos (amadores) criados por ele, espalhados por numerosos Estados. Seria necessário relacionar os grupos paulistas (já que a CET é paulista), comprovar a sua continuidade e trabalho para que pudessem obter subvenções, depois de filiados às respectivas federações regionais. É impossível distribuir dinheiro público sem que possa haver fiscalização da sua aplicação.

---

14. Pessoalmente, eu definiria o teatro popular, enquanto não for manifestação espontânea e tradicional do próprio povo, como um teatro feito por amadores, profissionais, semiprofissionais, acessível em termos financeiros, de localização e de expressão cênico-dramática, a um público de fraca base material e cultural, visando aos interesses autênticos desse mesmo público e à comunicação intensa com ele. (N. do A.)

Os Pingos nos Is[15]

Creio ter mostrado no artigo anterior[16] que não tem base a polêmica do sr. Otto Buchsbaum, achando absurdo "que as verbas oficiais na sua totalidade se destinem ao teatro dos privilegiados e que para o teatro popular não sobre nem uma migalha". Havendo *propostas concretas* de espetáculos populares, elas são atendidas, como foi demonstrado. Por parte do sr. B, que atualmente não dirige nenhum grupo, nenhuma proposta concreta foi apresentada. Apresentou apenas ideias.

Quanto aos 60 grupos que afirma ter criado em vários Estados, é impossível verificar se e como funcionam. Trata-se de gente que já fez teatro? Quem os orienta e dirige, quem lhes transmite noções de interpretação, quem lhes imprime uma linha de continuidade de trabalho? Na ausência do sr. B., que decerto não tem o dom da ubiquidade, quem cuida da coesão e do progresso cênico dos integrantes que dificilmente podem ter experiência teatral? O teatro, a não ser que se trate de formas nascidas da própria tradição do povo – e, neste caso, a intervenção de elementos estranhos seria frequentemente até prejudicial –, não pode ser feito apenas com entusiasmo e boa vontade.

No seu artigo[17], o sr. B. continua insistindo em confundir o teatro profissional com o comercial, "hermético", "sofisticado" etc. Além de se tratar de afirmações contraditórias – pois um teatro hermético não pode ser, por definição, comercial –, tais qualificações não têm cabimento. O sr. B. constrói um modelo de teatro profissional pífio, à base da generalização de alguns poucos casos (aliás, não exemplificados), para depois tomar por alvo o próprio modelo. Não corresponde aos fatos que a maioria dos diretores obedece às ordens da "clientela, do público pagante", o que determinaria os rumos do nosso teatro profissional. O fato é que encenam as peças que acham necessário e importante

---

15. FN, 23 dez. 1970.
16. FN, n. 34, 16 dez. 1970.
17. FN, n. 32, 2 dez. 1970.

encenar ou pelas quais se apaixonam (esperando, sem dúvida, suscitar o interesse do público). Pode-se dizer mesmo que os nossos diretores têm um estupendo tino anticomercial. Em que sentido encenações de peças como *O Interrogatório, Arturo Hui, O Assalto, Navalha na Carne, Fala Baixo Senão Eu Grito, À Flor da Pele*, são comerciais? De importância maior ou menor, todas essas peças abordam com seriedade problemas importantes, algumas a partir de uma perspectiva autenticamente brasileira. Nenhuma delas – e seria fácil enumerar muitas outras –visa ao lucro em detrimento dos valores estético-humanos; nenhuma é "alienada", "hermética", "fossilizada". O sr. B. mantém-se no terreno das generalizações vagas, sem citar nenhum caso concreto.

Brecht é hermético? Plínio Marcos, alienado? Peter Weiss, fossilizado? Para que tipo de espectadores? Para os mais ou para os menos sensíveis? Quem decretará a definição do hermetismo? Cabe ao público e aos críticos avaliar em cada caso, errando ou acertando, o valor de cada peça; mas decretar de antemão, em termos tão vagos e gerais, e ao mesmo tempo tão estreitos, os valores artísticos, é desastroso para a arte. Quem pusesse em prática tais ideias transformaria o teatro brasileiro em uma instituição retrógrada e provinciana, além de impedir, por uma verdadeira camisa de força, a expansão da dramaturgia brasileira. Deve-se, em parte, à política da CET, favorecendo amplamente a encenação de peças brasileiras, a magnífica safra dramatúrgica nacional dos últimos anos.

O sr. B. pinta a situação do teatro profissional em cores apocalípticas. Entretanto, as peças citadas – e muitas outras – contaram com boa frequência. O interesse dos estudantes pelo teatro, apesar das observações sinistras do sr. B., é realmente auspicioso, pelo menos segundo amplos inquéritos[18] que se afiguram mais seguros do que impressões pessoais. Quanto ao teatro amador (cujo público, aliás, *não* coincide

---

18. FN, n. 13, 22 jul. 1970.

com o do teatro profissional), houve, faz alguns meses, excelente afluência ao Teatro Artur Azevedo, na Mooca, enquanto no Teatro Anchieta, por ocasião do recente festival amador, tornou-se necessário repetir as sessões para dar conta da enorme massa de espectadores que superlotavam, sucessivamente, durante toda a duração do certame, a sala.

Voltarei, em outra oportunidade, ao problema do teatro popular e das suas várias modalidades, muitas vezes experimentadas (também na rua), tanto no Brasil como em outra parte. Apesar da discordância de opiniões em numerosos pontos, concordo plenamente com o sr. B. no que se refere à importância do teatro popular e à necessidade de lutar em favor dele, qualquer que seja a sua modalidade.

Problemas Teatrais[19]

O debate há pouco realizado na redação de *Fato Novo*, entre críticos, diretores e autores teatrais, cuja transcrição condensada, juntamente com duas entrevistas, foi publicada no n. 24[20], abordou muitos problemas de grande interesse para o teatro brasileiro. Vale a pena recapitular, acentuando alguns pontos.

Não houve, em essência, discordância acerca da necessidade das subvenções distribuídas pela CET, cujo resultado positivo foi geralmente reconhecido. A única voz discordante, a do diretor José Antunes Filho, foi contraditória já que, logo depois, tomando as subvenções como garantidas, apresentou critérios para a sua distribuição em favor de um teatro brasileiro popular.

Também no que se refere ao efeito benéfico do princípio de se distribuir, como ocorre, 50% da verba entre companhias que apresentam peças de autores nacionais, houve acordo geral. Paulo Autran, um dos entrevistados, dirigiu-se contra

19. FN, 22 out. 1970. Publicado com o título A Divergência e a Unidade do Debate.
20. FN, 7 out. 1970.

o que chamou de "raiva do estrangeiro por ser estrangeiro". Essa raiva não existe, pelo menos não na CET e, provavelmente, tampouco em outros círculos, enquanto se trata de *teatro* estrangeiro. A peça estrangeira, quando de alta qualidade, é indispensável e a sua apresentação deve ser apoiada – o que não impede que se estimule a encenação de peças nacionais. Nenhum país pode ilhar-se, muito menos no campo cultural. Ninguém, de sã consciência, pode defender um nacionalismo cultural unilateral, enquanto não entrarem em jogo pressões e engrenagens econômicas para impor o produto cultural estrangeiro de forma maciça, não selecionada em termos qualitativos. De um modo geral, é certa a opinião de Renata Pallottini, de que "uma peça alienada brasileira é sempre menos alienada que uma peça alienada não brasileira". Porém, uma peça como *Tom Paine*, norte-americana, na excelente encenação de Ademar Guerra, é infinitamente menos alienada do que um espetáculo brasileiro como *O Terceiro Demônio*, do Tuca. Aliás, a opinião de Renata vale muito mais quando aplicada ao cinema. A peça teatral, mesmo estrangeira, ao contrário do filme estrangeiro, é traduzida para o português, é adaptada, encenada e desempenhada por elementos nacionais, de modo que é, de certo modo, "naturalizada", principalmente quando se toma em conta as tendências do teatro atual que, em geral, reelabora o texto em função do espetáculo.

Quanto à opinião de Augusto Boal de que "o Governo não ajuda o teatro. Isso é obrigação", conviria definir melhor: o Governo apenas medeia, distribuindo entre o povo aquilo que lhe veio do povo. Assim como nos outros setores, mais prementes, infelizmente ainda não se elaborou uma fórmula, nem sequer no campo teatral, para distribuir, de forma mais equitativa, os bens, no caso culturais, e para restituir às chamadas classes populares aquilo que também delas provém. As subvenções, sem dúvida, deveriam beneficiar em maior grau o "povo", como exigiu José Antunes Filho. Mas isso só será possível à base do desenvolvimento geral e por meio da organização de associações à maneira dos "palcos populares", tais como propostos no debate.

Ainda o Debate[21]

Voltando mais uma vez ao debate que se realizou na redação de *Fato Novo* e cujos tópicos principais foram reproduzidos no n. 24[22], deve-se realçar a polêmica que se travou em torno da viabilidade e do sentido de uma atividade artesanal, como é o teatro, numa época em que se impõe cada vez mais a indústria cultural manipulando os meios de comunicação de massas. Zulmira Tavares, fazendo-se como disse, de advogada do diabo, alegou que "como nós estamos vivendo numa sociedade industrial, não sei como encaixar esse produto, que é artesanal, num complexo industrial. Então, me parece que vocês têm que contar com subvenções. Nas subvenções sempre está inscrito um processo paternalista". Sábato Magaldi, ao contrário, defendeu incondicionalmente esse "produto" justamente por ser artesanal. "O contato direto do ator com o público cria um fenômeno definitivo, permanente. Isso como fenômeno estético. Como fenômeno específico, numa situação política determinada, a importância do teatro cresce extraordinariamente. Apoiar o teatro hoje é apoiar a afirmação do homem integral brasileiro", tanto assim que Magaldi considera o teatro "hoje, no Brasil, de longe a arte mais importante".

Não é possível analisar, em espaço tão reduzido, mais de perto, a diferença fundamental de relações, em termos de estética, comunicação, sociologia e psicologia, que há entre o palco e a plateia, de um lado, e entre a tela e o público e o vídeo e o lar, de outro. Convém tocar apenas em pontos de abordagem mais simples.

A subvenção não é uma dádiva paternalista, mas a distribuição, ao povo, de recursos que provêm do povo, mediante um órgão administrativo encarregado de distribuí-las da maneira mais justa possível, segundo critérios que evidentemente podem ser objeto de crítica.

21. FN, 28 out. 1970.
22. FN, 7 out. 1970.

Quanto ao argumento diabólico da "advogada do diabo", de que um produto artesanal não pode ser encaixado num complexo industrial, deve-se dizer, em primeiro lugar, que só os futurólogos – dos quais não temos tido exemplos muito edificantes – podem aventurar-se a predizer se o artesanato tem futuro ou não, encaixando-se ou não na sociedade industrial e mesmo se o seu possível futuro reside em encaixar-se ou não. Num país altamente industrializado como a Alemanha Ocidental, existem aproximadamente 850 mil artesãos independentes, com cerca de 250 mil membros de família associados, além de 2,4 milhões de dependentes, entre eles meio milhão de aprendizes.

No que se refere em particular ao teatro, deve-se perguntar, em segundo lugar, se seria uma vantagem tão grande se ele ficasse "encaixado" no complexo industrial. A sua vantagem talvez resida em não ser encaixado. Entenda-se: o desenvolvimento da indústria é uma questão vital para o Brasil, é absolutamente indispensável e seria ridículo pregar uma tese romântica, retrógrada, da beleza do artesanato contra a feiura da indústria, como fizeram no século xix certos pensadores saudosistas, por exemplo, Carlyle[23] ou Ruskin[24], ou como se apresentou no filme *Zorba, o Grego*, essa glorificação perniciosa do subdesenvolvimento.

Porém, o desenvolvimento industrial é apenas um meio, o fim é o desenvolvimento do povo, do país, da nação, no plano da vida social e cultural. Os fins se relacionam com *valores superiores*, de ordem humana, espiritual e social, para cujo serviço devem funcionar os meios, entre eles o complexo industrial. Infelizmente, os meios têm a tendência de emancipar-se e de usurpar o lugar dos fins (como ocorre, por exemplo, quando a educação é considerada um meio para o fim do desenvolvimento industrial). Isso muitas vezes é esquecido. Talvez, justamente por permanecer

---

23. Thomas Carlyle (1795-1881) foi um escritor, historiador e ensaísta escocês.
24. John Ruskin (1819-1900), escritor inglês, teórico de estética, crítico de arte e pensador social, muito influente no século xix e início do xx.

forçosamente artesanato, por não poder ser encaixado no complexo industrial, o teatro tenha o privilégio – aliás, muitas vezes aproveitado – de lembrar e chamar à atenção sobre este fato da confusão entre meios e fins.

A indústria, sem dúvida, é vitalmente muito mais importante que a arte, mas esta é o *valor superior*. Falando esquematicamente e reconhecendo a dialética inerente: numa arte como o cinema, a indústria evidentemente deve servir de meio à arte, que é o fim, isto é, a ideia artística deve determinar os meios industriais. Mas como o poder e a importância econômica da indústria são muito maiores, esta tende a tornar-se fim e a arte, meio, fato que tende a corrompê-la enquanto arte. O teatro tem maior facilidade de manter como fim a arte, esta aliás incluída no próprio termo "artesanato". Não sendo indústria, não precisa satisfazer uma procura maciça, viciada pela própria indústria, num círculo vicioso desanimador, podendo, ao contrário, *formar* e selecionar a procura, segundo uma oferta bem mais autônoma, bem mais determinada pelos fins do que pelos meios. De resto, o uso hoje muito difundido de termos como mercado, procura, oferta, etc., nos círculos artísticos, mostra até que ponto o "espírito" dos meios penetrou na esfera dos fins!

Teatro e Subvenção Estatal[25]

1. Qual a sua posição diante da subvenção estatal e da iniciativa privada em teatro?
2. O teatro, no Brasil, pode subsistir sem subvenção estatal? Que tipo de teatro, o chamado comercial? O de cultura? Por quê?

Resposta:

Dentro da estrutura econômica da nossa sociedade, a iniciativa privada, a organização empresarial do teatro, em bases capitalistas de lucro, é um fenômeno perfeitamente

---

25. Texto de manuscrito cuja publicação ou destinatário se desconhecem. É transcrito pela relevância das respostas e pela colocação de Anatol Rosenfeld enquanto representante do teatro na Comissão Estadual de Teatro.

coerente. Creio que certo tipo de espetáculo teatral, aquele que procura fornecer divertimento leve – apenas divertimento –, deveria obedecer ao jogo do mercado, ficando entregue inteiramente à iniciativa privada. Para o teatro puramente digestivo ou comercial, devem prevalecer as regras do produto comercial. Não há nenhum menosprezo nisso. O "teatro de *boulevard*", creio, é uma necessidade numa grande metrópole e pode ser exercido em alto nível de competência profissional. Pode, então, proporcionar um entretenimento sumamente agradável. Suponho que, nestes termos, possa obter lucros razoáveis, de uma forma digna. Não lhe faltará público suficientemente numeroso para poder subsistir sem subvenção estatal, mesmo no Brasil, país com reduzido público a frequentar habitualmente o teatro.

O mesmo não parece valer para o teatro que, visando embora ao entretenimento (um dos fins, acredito, de qualquer tipo de espetáculo), procura, através da apresentação quer de farsas ou comédias, quer de dramas sérios, tragédias ou tragicomédias, oferecer um entretenimento valioso e rico em termos de cultura de interpretação da realidade humana, de crítica e de informação estética. Semelhante entretenimento de ordem mais complexa exige do público concentração e intensa participação intelectual, imaginativa e emocional, muitas vezes até uma dose razoável de boa vontade para ouvir a verdade sobre si mesmo e sobre as instituições que apoia. Por vezes, exige mesmo que o público admita ser agredido e julgado em termos ásperos. Um teatro que, desse modo, exerce uma das suas funções mais sérias e antigas, geralmente não pode contar, no Brasil, com um número de frequentadores muito amplo, com capacidade para pagar o preço normal de entrada. As empresas que apresentam espetáculos de alto valor cultural e estético lutam com grandes dificuldades para sobreviver. Em si, a subvenção deveria servir, nestes casos, para possibilitar a redução dos preços da entrada. Visto, porém, que ela é quase sempre demasiado magra para tal, a sua função tenderá a limitar-se, em geral, a apoiar e estimular uma iniciativa dirigida para a criação de espetáculos de nível cultural e estético mais exigente.

3. *É possível combinar a subvenção estatal e a iniciativa privada sem corromper nenhuma delas?*
Resposta:
Parece-me que a função da subvenção, enquanto as somas disponíveis forem tão insignificantes como agora, deveria ser precisamente a mencionada: estimular iniciativas de alto gabarito cultural e estético. É claro que tanto a iniciativa, quanto a subvenção, podem corromper-se neste processo: a iniciativa desqualificada se constituindo em arapuca, surgindo em função do dinheiro público, e este, mal administrado, prestando-se ao apoio de iniciativas deste jaez (isso para dar somente um exemplo). Creio, porém, que isso, se ocorreu, deve ter ocorrido raramente.

4. *Como entender a subvenção estatal? Como donativo? Como investimento? Sem condições ideológicas ou estéticas, ou com estas condições? Segundo quais critérios?*
5. *A subvenção estatal limita a liberdade de criação?*
6. *É de se esperar que o Estado subvencione qualquer peça, desde que artisticamente válida, com imposições doutrinárias?*
Resposta:
A subvenção estatal evidentemente não é donativo paternal deste ou daquele expoente do governo. Provém de dinheiro público, isto é, do povo. Os representantes do povo, encarregados dele, são obrigados a investir o dinheiro público em prol dos interesses do povo, a serviço dele[26].

Um dos investimentos do mais alto interesse popular é, por exemplo, aquele que prevê o ensino escolar. Creio que deveria, com o tempo, estender-se a todos os níveis, tornando-o inteiramente gratuito.

26. Riscado: "Trata-se, pois, de um investimento em favor do povo inteiro, não de uma classe ou profissão."

O exemplo do ensino evidentemente se aplica ao teatro só em parte. Não há dúvida, porém, de que o teatro, enquanto entretenimento superior, é uma instituição de altíssimo valor cultural. Para se convencer disso não é preciso citar Schiller, que o considerou uma importantíssima instituição pedagógica, nem Garcia Lorca, segundo o qual "um povo que não ajuda e não incentiva o seu teatro, se não está morto, moribundo está".

Três palavras apenas sobre este assunto. O teatro permite aos espectadores participarem, imaginariamente, com grande intensidade, do destino de personagens representativos da nossa espécie, ampliando-lhes assim a vivência (não apenas o conhecimento intelectual) da condição humana. As personagens encontram-se, em geral, envolvidas em conflitos que realçam, de um modo nuançado, problemas morais, sociais, políticos, religiosos. Graças a isso, o espectador experimenta, intensamente, o choque de toda uma gama de valores, não importando, no caso – como acredita uma censura tacanha –, de que forma a obra coloca ou hierarquiza os valores positivos e negativos. O simples confronto e a problematização dos valores – naturalmente se pressupõe tratar-se de uma verdadeira obra de arte – enriquecem a nossa visão e nos leva a viver, simbolicamente, e a nos tornarmos conscientes, de forma crítica, da nossa condição de seres morais, sociais, políticos. A tarefa exposta – para mencionar apenas esta – é realizada pelo teatro de um modo particularmente eficaz por se dirigir não a um mercado anônimo, como em geral as indústrias culturais, mas a um público concreto, ao "seu" público, de quem conhece os problemas e a linguagem, e em função do qual (quer dizer, muitas vezes contra o qual) são selecionadas e adaptadas as peças de proveniência estrangeira e escritas e encenadas as peças nacionais.

Todavia, deixando de lado essa tentativa um pouco ridícula, por redundante, de provar o alto valor cultural do teatro, basta o argumento pragmático do prestígio que se liga à vida teatral. São inconcebíveis países ou metrópoles que se prezam, e que pretendem ser considerados civilizados, nos quais não exista uma vida teatral de boa qualidade e de intensidade razoável.

É evidente que investimentos feitos a serviço do povo, em países que se dizem democráticos, não devem depender de critérios ideológicos, mas, sim, apenas estéticos. Ao que parece, as comissões responsáveis, no Brasil, pela distribuição das subvenções, felizmente não tendem, na medida em que estou a par, ter a veleidade de se constituírem em censura política ou moral. Tenho a impressão, até agora pelo menos, de que atuaram – e atuam (pelo menos em São Paulo) –, quanto a este ponto, sem parcialidade e sem preconceitos, esforçando-se por julgar segundo o valor artístico e o custo da respectiva produção.

Creio que uma encenação cara (com muitos atores e cenografia e figurinos dispendiosos), uma vez considerada digna de subvenção, deve obter quantia superior do que outra, mais barata, embora talvez superior em termos estéticos. Acredito ser necessário estimular não apenas a apresentação de peças excelentes como também a sua apresentação, *quando conveniente*, em termos de espetáculo rico, de encenação audiovisual festiva, de comunicação colorida e impressiva. Parece-me ser necessário apoiar, em primeiro lugar, peças nacionais contemporâneas de boa qualidade, em segundo lugar peças estrangeiras contemporâneas de altíssima qualidade e, em terceiro lugar, peças clássicas universais (Shakespeare, os gregos, os grandes autores ibéricos, os clássicos franceses etc.).

Admito, naturalmente, ser difícil evitar por completo a pressão ideológica ou doutrinária daqueles que administram o dinheiro público. Posso imaginar que ocorram conflitos e que haja tensões. Os dramaturgos e expoentes do teatro, como os intelectuais em geral, raramente estão satisfeitos com a realidade. Pessoalmente, creio que um dos deveres do intelectual reside em não estar satisfeito, em não aceitar a realidade e o *status quo*, e isso particularmente em países em desenvolvimento. O próprio termo "em desenvolvimento", ou "subdesenvolvido", indica que a realidade atual é julgada deficiente. Os intelectuais atuam no interesse do povo sempre quando lhe chamam a atenção para as deficiências da realidade e para a necessidade de modificá-la, a fim de que se aproxime cada vez mais daqueles valores que, quase sempre, são oficialmente consagrados e costumam mesmo constar das constituições, embora de fato pouco se faça – ou, em fazendo, se faça de um modo muito lento –, para transformá-los em realidade (valores como "igualdade, fraternidade, liberdade", ou como o direito de trabalhar obtendo remuneração humanamente digna etc.).

Já aqueles que administram o dinheiro público tendem a se identificar, em certa medida, com o *status quo*, a situação, e a interpretar os interesses do povo de acordo com isso (às vezes, sinceramente). O seu "realismo" consiste, em geral, na aceitação da realidade tal como é, embora, nos melhores casos, tampouco estejam satisfeitos com ela (no pior dos casos, pretendem que a realidade, tal como é, seja um fato eterno enviado por Deus).

Entende-se, portanto, que os intelectuais, cujas funções incluem sobretudo a de criticar, não costumam inspirar carinho às autoridades. Na medida, porém, em que são administradores honestos do dinheiro público, investirão parcelas desse dinheiro na própria crítica, já que esta é do mais alto interesse do povo (que mantém as autoridades) e da sociedade, que sem esta crítica tende a se imobilizar. Não é preciso dizer que os cidadãos não devem ser tutelados ideologicamente. O seu interesse, o interesse do povo, é dispor de um teatro que lhe apresente uma visão ampla e crítica do mundo, da sociedade, do homem e dos valores, mercê dos quais vale a pena viver e agir.

5. CONJUNTURA TEATRAL

Rio e São Paulo[1]

Eis uma tarefa interessante para os sociólogos: fazer uma pesquisa sobre as razões do espetacular êxito da peça *Frank Sinatra, 4815*, no Rio de Janeiro (oito meses no Teatro Copacabana) e do seu fracasso, igualmente espetacular, em São Paulo, apesar das encenações equivalentes. O caso é um mistério. Afinal, ambas as cidades se localizam no Brasil e, segundo alguns, existiria uma espécie de caráter nacional, sem dúvida variável através dos tempos, mas definível, pelo menos em alguns traços, em cada fase histórica. João Bethencourt, o autor e diretor, conversando sobre o assunto atribui a ambas as cidades caráter totalmente diverso, o que, além de ser um lugar comum, deverá chocar os adeptos do caráter nacional.

1. FN, 10-16 jun. 1970. Publicado com o título Carioca é Mais Feminino?

A peça é uma comédia leve, divertida, bem feita. Gira em torno do palpite (baseado num sonho) de uma mocinha que leva a parte feminina da família a apostar em certo cavalo. O pai, porém, opõe-se ao comportamento irracional das mulheres. Segundo explica o autor, a peça não é simplesmente uma comédia despretensiosa, mas uma obra altamente filosófica: a razão está com a irracional intuição feminina, com o sonho e a fantasia e, de modo algum, com a própria razão, cujo defensor masculino é o pai, sujeito realista, racional e quadrado. Este põe tudo a perder, mas felizmente há uma avó etc. etc.

Ora, diz o autor-filósofo, o carioca, se não é mais feminino que o paulistano (o macho carioca nunca perdoaria semelhante tese), é pelo menos mais afinado com uma comédia que exalta a sabedoria intuitiva da mulher, do sonho e da fé na deusa Fortuna.

Sem entrar no mérito de generalizações assaz convencionais sobre a chamada intuição feminina e o tal do realismo masculino, nem muito menos sobre o caráter feminino ou masculino de grandes cidades, deve-se reconhecer que o autor é coerente. Bom carioca que é, fia-se numa teoria intuitiva, talvez para confirmar a teoria pelo próprio exemplo. Mais interessante, mais "realista", mais "paulistano", segundo a suposição de João Bethancourt, seria examinar a composição do público carioca e paulistano. Pode ser que haja no Rio um público bem maior de turistas, mais disposto a ver comédias leves, ou que haja em São Paulo um público maior de estudantes, menos disposto a apreciar peças divertidas. Há a possibilidade, além de outras *imponderabilias*, de que em São Paulo a simultaneidade de numerosos espetáculos teatrais, alguns excepcionais, prejudicou a receptividade para *Frank Sinatra*. Ademais, sendo menos conhecido em São Paulo do que no Rio, o autor (ou o empresário) deveria ter cuidado de maior promoção, esta bem fraca no caso da peça.

E aí é preciso dizer que as peças nacionais contam em geral com uma promoção menor que as estrangeiras.

Estas (e isso se refere também ao cinema), principalmente quando já êxitos internacionais, chegam aqui precedidas de uma publicidade imensa, em parte mercê do abundante material fornecido pelas agências internacionais. É provável que nenhuma peça nacional jamais tenha sido favorecida por uma promoção tão maciça como *Hair*. A responsabilidade é, em parte, dos empresários, pouco inventivos no tocante à propaganda. Boa parcela da culpa, porém, recai sobre certas camadas esnobadas do público e sobre veículos de comunicação que, frequentemente, não apoiam o produto nacional, visto lhe faltar o prestígio da origem europeia ou norte-americana.

Visitantes Ilustres[2]

Pode-se argumentar, sem dúvida, contra a dispendiosa encenação de *O Balcão* feita por Victor Garcia a convite de Ruth Escobar, que aliás promoveu também a vinda de Jean Genet, autor da peça. Entretanto, a excepcional encenação, embora não possa e não deva tornar-se modelo – e isso não só por razões financeiras –, é um acontecimento importante na vida teatral brasileira. Apesar de todas as reservas que se possa ter em face das concepções do autor e das ideias estéticas do diretor, não se pode deixar de admirar a extraordinária inspiração cênica de Garcia.

Certamente será também acolhida com hospitalidade a visita de Peter Brook, no caso de o conhecido diretor inglês atender o convite de Ruth Escobar. Todos ainda devem estar lembrados da boa versão cinematográfica que criou, baseada na sua encenação da peça *Marat/Sade*, de Peter Weiss. Talvez possamos ver, ainda neste ano, graças ao empenho de José Celso Martinez Corrêa, diretor do Teatro Oficina, o Living Theatre, o famoso conjunto de Julian Beck e Judith Malina. Caso vierem, espera-se que

2. FN, 17-23 jun. 1970.

sua presença seja mais teatral do que mística, visto que boa parte do grupo se comporta ultimamente mais como seita religiosa do que como companhia teatral. Prevê-se também a possível vinda do hoje mundialmente consagrado diretor polonês Jerzy Grotowski para uma estada didática, a fim de expor suas concepções teatrais e demonstrar o trabalho ligado à preparação do ator.

Quanto a Jean Genet, retirou-se do mundo após a sua ruidosa chegada acompanhada de palavrões. Vive quietinho no seu canto e não dá entrevistas, muito menos sobre o teatro que, segundo alega, não lhe diz mais respeito. Quem acreditaria que Genet, antes autor de peças niilistas em que todas as realidades se dissolvem em fumaça e tudo resulta em ilusão, atualmente se interessa vivamente pela dura realidade da política? Pelo menos segundo *L'Express*, Genet teria optado pelo engajamento, tanto assim que conviveu intimamente com as Panteras Negras durante a sua recente estada nos Estados Unidos.

Ionesco, bem ao contrário, enquanto viajava pelo Brasil repetia que não quer saber de engajamentos e ideologias, já que se recusa a ser carteiro à maneira de Brecht: não entrega mensagens. A Companhia Mauclair, que o acompanhava, apresentou, entre outras peças, *As Cadeiras*, certamente aquela em que o mestre do Teatro do Absurdo apresenta com mais plenitude "o vazio da existência humana". Mas, a despeito de Ionesco, a peça tem uma mensagem: a de que não há mensagem. O orador contratado pelo "Velho" para comunicar, ao fim, a lição de uma longa vida é surdo-mudo. Nem por isso Ionesco deixa de ser carteiro. Também a farsa trágica da entrega de um envelope vazio é significativa.

A encenação da Companhia Mauclair não foi particularmente feliz. Bem sucedidos na comunicação do plano verbal da peça, Jacques Mauclair e Tsilla Chelton não conseguiram igual rendimento no plano visual, numa peça que tanto depende da movimentação física, do gesto, da pantomima. Ao fim demonstraram que também o vazio acaba enchendo.

Intercâmbio Teatral[3]

Joanne Pottlitzer, fundadora e diretora executiva do Theatre of Latin America (Tola), organização norte-americana sem fins lucrativos que se destina a incentivar o intercâmbio teatral entre os países da América Latina e dos Estados Unidos, ressaltou durante sua estada recente em São Paulo o êxito, já amplamente difundido, do Teatro de Arena na sua excursão pelos Estados Unidos. Como se sabe, o elenco de Augusto Boal, apresentando-se no início deste ano no México, no Peru e nos Estados Unidos com as peças *Arena Conta Zumbi* e *Arena Conta Bolívar*, causou ótima impressão em amplos círculos, apesar da diferença das línguas, em parte compensada pela excelente música, pelo jogo pantomímico comunicativo e pela adoção de uma espécie de salada linguística, nos trechos cruciais. Joanne Pottlitzer, que fala fluentemente português e espanhol, está percorrendo diversos países da América Latina a fim de preparar a *I Feira Latino-Americana de Teatro*, que deverá realizar-se em Nova York, em abril de 1971, e cuja direção confiou a Augusto Boal, entendido no assunto, uma vez que apresentou em São Paulo, há alguns anos, num dos teatros de Ruth Escobar, a I Feira Paulista de Opinião, espetáculo composto de pequenas peças de diversos autores brasileiros.

O diretor do Teatro de Arena, que acaba de embarcar para Buenos Aires e Santiago do Chile, para ali preparar a encenação de *Arena Conta Zumbi* e *Arena Conta Bolívar*, espera apresentar na I Feira Latino-Americana de Teatro obras de Jorge Diaz e Pablo Neruda (Chile), Paco Urondo (Argentina), Jorge Zavala e Hernando Cortez (Peru) e Enrique Buenaventura (Colômbia). As peças brasileiras serão do próprio Boal e de Plínio Marcos. Um dos fins dessa "Feira", segundo nos disse Boal, é destruir os clichês "folclóricos" que difundem entre o povo norte-americano uma visão falsa do mundo ibero-americano. Tratar-se-á de uma

---

3. FN, 24-30 jun. 1970. Publicado com o título Boal Vai à Feira.

tentativa de combater, pela apresentação de uma imagem cênica autêntica e aprofundada da realidade latino-americana, os estereótipos "exóticos" que deformam as noções sobre os "bons vizinhos" e facilitam a propagação de generalizações preconceituosas, extremamente nocivas não só para esses países, mas, a longo prazo, também para o próprio povo norte-americano.

Apesar de sua intensa atividade no exterior, Augusto Boal espera encenar, no decurso deste ano, dois espetáculos em São Paulo: *A Resistível Ascensão de Arturo Ui*, de Bertolt Brecht, e *Brasil em Revista*, espécie de *show* que, atual na temática, retomará o jeito popular da velha revista tradicional, de há três ou quatro décadas atrás. Para esse espetáculo, Boal procurará obter o concurso de Plínio Marcos, Leilah Assumpção, G. Guarnieri, Lauro César Muniz, Consuelo de Castro e outros autores brasileiros.

As Caras Montagens[4]

A atual temporada do teatro paulistano, com mais de vinte espetáculos até os meados do ano, promete também para a segunda parte de 1970 várias encenações de qualidade. O Teatro Oficina apresentará o *Don Juan*, de Molière, Ademar Guerra dirigirá *Tom Paine*, de P. Foster, Antunes Filho certamente caprichará na direção de *Peer Gynt*, e no Teatro São Pedro deverá ser levada à cena *A Instrução*, de Peter Weiss, obra de grande valor que documenta o processo de Frankfurt contra os criminosos de Auschwitz. A apresentação de todas essas peças só pode ser aplaudida, já que os diretores demonstram claramente a tendência de escolher textos valiosos, sem cogitarem exclusivamente de compensações comerciais.

Ainda assim, não se pode deixar de constatar com certa amargura que ninguém se lembrou de um autor nacional como Jorge Andrade, geralmente posto de lado com a

4. FN, 1-7 jul. 1970.

alegação de que seria demasiado dispendioso encenar obras suas. Ora, a encenação de peças como *Peer Gynt* e *Tom Paine*, principalmente destas duas, é caríssima. Evidentemente, ninguém pensa em prescrever aos diretores o que devem e o que não devem levar à cena, nem cabe criticar a escolha, quando esta recai sobre peças de valor como ocorre no caso em foco. Entretanto, é triste verificar que as três últimas peças do dramaturgo paulista nunca foram apresentadas no seu próprio Estado: além de *Rasto Atrás*, duas peças concluídas já há certo tempo, ambas ainda inéditas, mas já conhecidas da maioria dos diretores: *As Confrarias* e *O Sumidouro*. A primeira focaliza a Conjuração Mineira, apresentando uma visão crítica da sociedade do Brasil colonial; a segunda recria o mundo das bandeiras, tal como visto pela mente crítica de Vicente, personagem que, representando em termos fictícios o autor real, precisamente está escrevendo *O Sumidouro*. Quanto às *Confrarias*, não é preciso insistir na sua atualidade. A luta pela independência, mormente quando se ressaltam os problemas econômicos envolvidos, como ocorre na peça, nunca é tema ultrapassado. No que se refere ao *Sumidouro*, Jorge Andrade projeta a bandeira de Fernão Dias contra o pano de fundo da política europeia e, em particular, da situação da corte portuguesa, fato que expõe o empreendimento da bandeira a uma iluminação penetrante e reveladora. Sem diminuir a figura de Fernão Dias, a peça lhe dissolve a aura mítica, mostrando-o, ofuscado que é pela caça às esmeraldas, como instrumento de objetivos políticos e financeiros prejudiciais à colônia e ao povo brasileiro em formação. O expoente desta visão nacional, se é que já se pode, no caso, usar este termo, é José Dias, o filho mestiço de Fernão Dias. Vivendo o conflito entre a lealdade ao pai manipulado de longe e a lealdade à terra e ao povo no qual começa a aflorar a consciência de interesses próprios, ele acaba morrendo pela sua nova convicção e se torna a personagem mais trágica da peça.

Peer Gynt, o anti-herói escandinavo, e *Tom Paine*, o herói revolucionário dos direitos humanos, merecem ser apresentados ao público brasileiro, da mesma forma como as outras peças acima mencionadas. Não menos, porém, a tragédia do bandeirante e do seu filho mameluco. Surpreende o alheamento dos homens de teatro em face dos grandes temas e dos autores nacionais, pelo menos quando se trata de investir somas de vulto; somas que não hesitam em arriscar para apresentar peças de proveniência estrangeira.

Arte Jovem[5]

Ao que parece, os resultados da pesquisa sobre o teatro, realizada em São Paulo pelo IBOPE, por solicitação da Comissão Estadual de Teatro, e publicados nos fins de 1969 pela mesma Comissão, não foram suficientemente difundidos, nem mesmo nos círculos interessados. É verdade, tais pesquisas decerto apresentam falhas e, de outro lado, costumam apenas confirmar aquilo que, de qualquer modo, se sabe ou se acredita saber. Assim, ninguém duvida de que a TV é o passatempo ao qual o maior número de pessoas dedica a maior parte das suas horas de folga. Com efeito, segundo a pesquisa, 40% preferem a TV, 15% os livros, 8% o rádio, 5% o cinema e 2% o teatro. Nos pormenores, porém, surgem dados extremamente interessantes. É enorme, por exemplo, a variação dos interesses segundo a idade, instrução e ocupação. No grupo de 18 a 24 anos, apenas 17% preferem a TV; 10% o cinema, e 3% o teatro. Das pessoas de instrução superior, apenas 20% preferem a TV; 8% o cinema, e 7% o teatro. Porém, que passatempo diverte mais (pondo-se de lado o preço, o transporte etc., cuja ausência favorece a TV)? A resposta dos estudantes ressalta o teatro em relação à TV; 8% votam em favor do teatro, apenas 6% em favor da TV; cinema 6%, festas e reuniões 26%, prática de esportes 20% etc. A pesquisa, ao todo, comprova que o público atual do teatro se compõe sobretudo de jovens, de estudantes e

5. FN, n. 13, jul. 1970.

de pessoas de instrução superior. Surpreendente é verificar que apenas 4% de estudantes escolheriam a TV se tivessem que optar por apenas um entre os passatempos que lhes dão satisfação, ao passo que 13% escolheriam o teatro, 22% os livros, 7% o cinema, 17% a prática de esportes etc. Como se vê, os mais jovens preferem a arte mais velha.

Ao todo, 40% assistem hoje mais à TV do que há dois ou três anos, 31% assistem menos e 27% lhe dedicam tempo igual. Todavia, entre o grupo de 18 a 24 anos, apenas 28% assistem mais, 56% menos, e 14% igual. Já entre o grupo com mais de cinquenta, 53% assistem hoje mais, 9% menos, e 35% igual. A queda do interesse dos estudantes pela TV é brutal: 8% assistem mais, 71% menos, e 8% igual.

Também no tocante ao cinema e ao teatro se nota uma queda mesmo entre os jovens e estudantes; muito menor, porém, que entre os mais idosos e outras ocupações é bem menor que em relação à TV; devendo-se acrescentar que a queda na frequência ao cinema é bem mais acentuada que na do teatro, cujo público, embora menor, parecendo ser mais estável. Em contrapartida, acentuou-se drasticamente o crescimento da preferência pela leitura de livros – apesar das sinistras profecias do famoso palhaço filosófico McLuhan.

Interessante é a resposta a uma pergunta que confronta apenas TV, cinema e teatro, omitindo outros passatempos: se tivesse que escolher entre um bom programa de TV, um bom filme e uma boa peça, a qual preferiria assistir em primeiro lugar? No total, 43% prefeririam a TV, 30% o cinema e 27% o teatro. No entanto, entre o grupo de 18 a 24 anos, 24% prefeririam a TV, 44% o cinema e 32% o teatro. Entre o grupo com mais de cinquenta anos, 64% iriam preferir a TV, 14% o cinema e 22%, o teatro. Entre os estudantes: 11% a TV, 37% o cinema e 52% o teatro (!!).

Alguns dos resultados afiguram-se curiosos – ou talvez nem tanto: do grupo de 18 a 24 anos, 14% gostam do teatro social e político, do grupo com mais de cinquenta anos, apenas 5%. Deste último grupo, todavia, 11% gostam do Teatro de Vanguarda, do grupo dos jovens, apenas 8%. Os mais velhos seriam, pois, da vanguarda, os mais jovens, do teatro engajado? É característico que, das classes A/B-1, 13% se interessam mais pelo autor nacional e 15% mais pelo estrangeiro; e da classe B-2, 12% torcem pelo nacional e 9% pelo estrangeiro; da classe B-3, 14% pelo nacional, 8% pelo estrangeiro.

A pesquisa, que por razões óbvias abarca apenas as classes A e B, apresenta enorme riqueza de informações, das quais os dados aqui enumerados selecionaram uma "amostra" mínima. Atualmente, vêm sendo computadas por um cérebro eletrônico as informações de outra pesquisa, realizada por estudantes da Escola Mauá. Bem interpretados no seu conjunto, os resultados de ambas as pesquisas poderiam fornecer ao teatro sugestões valiosas para ampliar a sua penetração.

Living e Lobos[6]

Encontram-se em São Paulo vários membros do Living Theatre, entre eles os fundadores Julian Beck e Judith Malina, bem como Os Lobos, da Argentina, numa espécie de laboratório e, talvez, numa produção comum. Com isto São Paulo tornou-se centro de experiências cênicas, instrutivas mesmo para aqueles que mantêm reserva em face das concepções que parecem orientar a cooperação dos três grupos[7].

O Living Theatre, fundado há cerca de vinte anos em Nova York, é hoje universalmente conhecido pelas suas pesquisas ousadas no campo da linguagem cênica e verbal e pelas encenações radicalmente anticonvencionais, perturbadoras e agressivas apresentadas nos Estados Unidos e na Europa. Foi um dos primeiros a tentar engajar o público não só pelo lado do intelecto e da imaginação, mas também

6. FN, 12 ago. 1970. Ver ainda, sobre o tema, A. Rosenfeld, Living Theatre e o Grupo Lobo, *Prismas do Teatro*, p. 219-226.

7. O autor menciona "três grupos" porque a referência se estende ao Teatro Oficina, que convidou e hospedou os dois grupos mencionados.

fisicamente, visando com insistência a reação nervosa, o impacto sensorial e a comunhão entre palco e plateia. Assimilando de início processos de Erwin Piscator e B. Brecht, aproximou-se em fases posteriores das tendências do "Teatro da Crueldade" de Antonin Artaud e de formas de comunicação "pré-lógicas", num plano ritual em que o público deveria tornar-se uma espécie de congregação dirigida por atores-sacerdotes.

Considerando como sua missão combater os males da "sociedade administrativa" e de uma civilização que se lhe afigura cerebral, fragmentada e esquizofrênica, o Living Theatre empenha-se por transmitir a mensagem de um mundo livre e habitável. Essa luta somente pode ser travada por atores profundamente imbuídos das ideias do Living Theatre. O início de tudo é, por isso, a transformação radical do ator – transformação intelectual, moral, física. Ele se torna membro de uma comunidade, quase se diria de uma seita anarcomística que procura proclamar na cena aquilo que não pratica na vida.

Quanto ao grupo dos Lobos, composto de quatro atores e uma atriz, apresentou-se inicialmente a um público convidado com um trabalho que, começando com longa concentração e exercícios respiratórios, se baseia quase exclusivamente em movimentação física e expressão corporal dentro de uma estrutura montada de canos. O uso da voz e da boca, bastante raro, serve mais para emitir zumbidos, sibilos e ruídos do que linguagem verbal articulada. De sunga, os corpos vão se autoconhecendo e se tocando mutuamente, numa comunicação infraverbal irredutível a uma estória literária como na pantomima. O domínio físico é admirável e o trabalho é sério; mas para um público não iniciado no "código" dessa linguagem, contagiada por práticas místicas orientais, psicanalíticas e psicodramáticas, a apreensão é dificílima.

No debate posterior verificou-se uma acentuada tendência, por parte do grupo argentino e do norte-americano, para combater o uso da linguagem verbal no teatro, considerada "mentirosa" e deformada por clichês. A pequena oposição, não entusiasmada pelo que se afigurou como "forte teor irracionalista" da representação, ressaltou que qualquer linguagem simbólica, também o gesto e o movimento físico, enquanto linguagem e não apenas sintoma imediato de estados psíquicos reais, são suscetíveis de ser mentirosos, cabendo à comunicação verbal a vantagem de a mentira nela se revelar com mais facilidade como mentira. Ao fim do debate, Julian Beck admitiu que a pesquisa dos Lobos, mais do que trabalho em si concluso, serviria melhor para fornecer recursos e elementos destinados a integrarem espetáculos de comunicação popular mais ampla.

Dois Acontecimentos[8]

A vida teatral de São Paulo alcançou, nestas semanas, brilho maior graças a um espetáculo que veio do Rio de Janeiro. Falamos de *O Arquiteto e o Imperador da Assíria*, peça de Fernando Arrabal, engrandecida pela extraordinária encenação de Ivan de Albuquerque e pelos desempenhos igualmente excepcionais de Rubens Corrêa e José Wilker. Mesmo quem não estiver apaixonado pelo texto deverá pelo menos admitir que ele sugeriu ao diretor e aos dois atores uma criação cênica que empolga pela riqueza da invenção e pelo virtuosismo das soluções. Raramente se tem oportunidade de assistir a um espetáculo tão bem elaborado.

Outro acontecimento de interesse, mais como pesquisa e experimento do que como realização cujo valor possa ser aferido em termos estéticos, é o *Teatro Jornal* do Teatro de Arena, a ser levado à cena nos meados deste mês. Segundo explica Augusto Boal, um dos principais objetivos do *Teatro Jornal* é demonstrar maneiras simples pelas quais qualquer pessoa, mesmo sem ser artista, pode fazer do teatro uma forma de comunicação válida, "da mesma maneira

---

8. FN, 16 set. 1970. Publicado com o título Jornal e Happening.

que qualquer pessoa, mesmo não sendo atleta, pode praticar esportes". Quaisquer grupos interessados em praticar o Teatro Jornal podem, para troca de informações e experiências, entrar em contato com o Teatro de Arena.

O *Teatro Jornal* pesquisa várias técnicas, desde a leitura simples, a leitura rítmica e a dramatização da notícia, até o uso de um aparelho de comentários mediante *slides*, filmes, *jingles* e a apresentação de noticiário cruzado, uma notícia explicando e interpretando a outra etc.

A ideia do *Teatro Jornal* é atualíssima, visto que tende a introduzir, como ocorre em outras pesquisas artísticas contemporâneas, uma espécie de colagem de elementos reais (por exemplo, a reportagem) dentro do plano cênico, essencialmente reservado à ficção. Surgem, naturalmente, problemas e contradições. O simples uso do ator como locutor da notícia configura um fenômeno jornalístico, não teatral. De outro lado, o ator, representando uma pessoa real envolvida no conteúdo da notícia, desempenha um papel, "faz de conta". Temos, então, teatro, ficção, mas não jornal. O teatro baseado no ator vivo, não na imagem, não pode imitar a foto, a TV, o cinema, apresentando reproduções "autênticas", documentárias, da realidade; e, enquanto teatro, tampouco pode apenas noticiar, como o jornal. No Teatro Jornal o problema da relação entre ficção e realidade torna-se agudo, tão agudo como no *happening* que, pela ideia, pela intenção e pela realização, encontra-se no extremo oposto do *Teatro Jornal*. Mais uma vez os extremos se tocam. Contudo, o *Teatro Jornal* é muito mais ficção do que o *happening*. Em compensação, o *happening* é muito menos realidade.

Dois Depoimentos Lúcidos[9]

A onda de irracionalismo que (vindo da Europa e dos Estados Unidos) invadiu o teatro brasileiro, alcançou o ápice,

9. FN, 4 nov. 1970. Publicado com o título Juca, Boal e os Hippies.

sem dúvida, com o *Terceiro Demônio* (Tuca)[10], manifestação da qual até hoje ninguém conseguiu entender o que pretende. É verdade, foi afirmado que basta "sentir" o espetáculo. Como se fosse possível sentir aquilo que não se entende, como se existisse, de fato, sequer a possibilidade de separar razão e sentimento numa manifestação artística.

O irracionalismo vem associado com a tendência de confundir ficção e realidade, de proclamar que o elenco não deve ser elenco e que o público não deve ser público. A fusão deve ser total. Como tese e experiência, isso não deixa de ter os seus méritos em determinado momento e em alguns casos pode mesmo funcionar e ter sentido. Mas fazer de *Galileu*, de Brecht, em certa cena, uma espécie de *happening*? Haverá sentido nisso? As explicações de José Celso Martinez Corrêa (Teatro Oficina) – muito melhor como diretor do que como explicador – não satisfazem.

Associado ao irracionalismo, se faz notar também o pendor para apresentar exercícios cênicos feitos muito mais em função dos atores do que da plateia. O elenco apresenta a sua "criação coletiva" – em geral nem criação, nem coletiva –, cuja única finalidade é a chamada "autoexpressão" dos atores, o seu "autodesnudamento" e "sacrifício". Os atores entregam-se a escarafunchar as complicadas dobras do seu inconsciente, às custas de um público que se chateia, enquanto o elenco chafurda gostosamente na sua psicobolinagem sadomasoquista, totalmente esquecido da tarefa profissional do ator. É triste verificar que Walmor Chagas, um dos melhores e mais inteligentes atores do Brasil, chegue ao disparate de julgar ser o psicodrama "o único teatro que me parece válido hoje em dia"[11]. Enquanto isso, José Celso, a quem se devem algumas das melhores encenações que já se viram no Brasil, anuncia em numerosas entrevistas o seu "salto" que, com cada nova entrevista, se torna cada vez mais escuro, evidentemente por se tratar de um salto no escuro.

10. Sobre este espetáculo ver "Os Demônios do Tuca" in Prismas do Teatro, p. 227-230.
11. Veja, n. 112, 28 out. 1970, p. 3.

Felizmente, vão surgindo vozes mais lúcidas que se opõem ao desmantelamento do teatro nacional. É importantíssima a exposição de Juca de Oliveira[12] na qual, defendendo a cultura teatral brasileira, dirige-se contra a importação de uma avalanche de processos que tendem a transformar o teatro numa instituição marginal. Voltando de viagens ao México e à Holanda, onde em congressos representou o ator brasileiro, Juca adverte os colegas de semelhantes tendências que, longe de elevar o ator profissionalmente, tendem ao contrário a solapar a sua capacidade de trabalhar normalmente, uma vez que fica condicionado por diretores que mais se parecem com "sacerdotes e guias espirituais" do que com homens de teatro.

Ao lado da certeira crítica de Juca de Oliveira, merece ainda destaque a manifestação de Augusto Boal[13] em que exige "uma volta ao racionalismo no teatro. Ultimamente, declarou o diretor do Teatro de Arena, o que se vê em quase todos os lados é o pessimismo, a pregação da anarquia, da morte da palavra, da valorização do desânimo etc. "São ideias importadas e chegam ao Brasil envelhecidas. É como a mania de ser *hippie*, um tipo de vida que, nos países europeus e nos EUA, significa estar totalmente à margem da sociedade... Esta história do niilismo é a mesma coisa... estão usando como teatro os próprios meios de se fazer teatro. Recentemente, tivemos espetáculos baseados unicamente em iluminação ou expressão corporal. Imagine o que aconteceria se, num jogo clássico (de futebol), o preparador físico do Santos colocasse o time no campo e iniciasse uma demonstração de ginástica em vez de futebol? É o que anda ocorrendo no teatro".

É exatamente isso. Não interessa ver no palco os exercícios físicos e a descarga dos conflitos psíquicos dos atores. Para isso existem as escolas de arte dramática e os consultórios dos psiquiatras.

---

12. FN, n. 27, 28 out. 1970.
13. Em entrevista à Folha de S.Paulo, 27 out. 1970.

Divergências e Convergências[14]

O teatro, tantas vezes julgado moribundo em face dos novos meios de comunicação, insiste em continuar, apesar de tudo, vivíssimo. Nem mesmo um homem do palco como José Celso Martinez Corrêa (Oficina), que atualmente considera superado o teatro, consegue dar cabo dele por mais que, mercê de uma revolução semiológica, se proponha a fazer daqui por diante, em vez de teatro, "te-ato", preferindo ao "r" o "ato". Se metabolismo é vida, o teatro vive. De suas inovações se nutrem, com frequência, as outras artes (pense-se na influência de Brecht sobre Godard e Bergman, na teatralização evidente dos *happenings* pictóricos e musicais), enquanto por sua vez a cena assimila as experiências das outras artes e se mostra extremamente sensível às transformações socioculturais.

É justo, pois, que a ensaísta e dramaturga Maria Helena Kühner, ao caracterizar, em *Teatro em Tempo de Síntese*, as várias tendências do movimento dramático-cênico contemporâneo, apresente um amplo quadro dos problemas socioeconômicos e culturais da nossa época. O exame das tendências atuais do teatro internacional – protesto antiburguês, agressividade, violência, erotismo, irracionalismo, ascensão de personagens femininas ativas e não apenas sofredoras etc. – é seguido da análise das manifestações brasileiras correspondentes, as quais, todavia, devido a condições político-sociais diversas, se revestem, como a autora mostra, de um sentido especificamente nacional. Extenso capítulo é dedicado à "ressurreição do ritual", à experimentação cênica que visa a retornar às "raízes dionisíacas"; outro, excelente, investiga a "crise da linguagem", particularmente intensa no teatro. No capítulo final, Kühner examina precisamente a nova linguagem cênica, caracterizada pelo "polissensorialismo" e pela "descontinuidade".

---

14. Sobre o livro: M.H. Kühner, Teatro em Tempo de Síntese, Rio de Janeiro: Paz e Terra, 1971.

O livro de M.H. K., revelando vasta leitura especializada e uma elaboração conceitual rica, às vezes um pouco torturada, surpreende num país como o Brasil, pobre não propriamente no que se refere aos conhecimentos teatrais, mas no tocante à reflexão generalizadora que, fazendo uso desses conhecimentos, se arrisque a construir a visão totalizadora de uma ampla síntese cognoscitiva. Essa síntese, sem dúvida, é preparada pelo pensamento dialético da autora: apresentando as contradições radicais das tendências teatrais contemporâneas, supõe poder vislumbrar ou mesmo verificar a convergência, em nível superior, desses antagonismos, eis que o teatro vive "em tempo de síntese". A dúvida é se a síntese é da realidade teatral ou – pelo menos em alguns casos – apenas do livro, cuja construção totalizadora, aliás, é beneficiada pela exposição muito "sintética": de cerca de 110 páginas de texto, boa parte é dedicada a reflexões filosóficas e sociológicas, sem dúvida pertinentes e de grande interesse, mas que tendem a marginalizar por vezes os problemas propriamente teatrais. Há, na dialética do livro, o perigo de uma conciliação universal do inconciliável.

O irracionalismo, por exemplo, isto é, a valorização unilateral e positiva do irracional – tal como se manifesta em ampla corrente cênica atual –, dificilmente se coaduna com o "teatro científico" de Brecht, exaltado por Maria H. Kühner como um dos fenômenos cênicos mais importantes do nosso tempo. Brecht, sem dúvida, joga em ampla medida com momentos irracionais (como toda arte) e de modo algum – como a autora bem observa – elimina a emoção; mas ele os integra e organiza em função de uma meta racional. Não se trata, de fato, de uma "síntese", no sentido preciso do termo.

O exemplo da peça *Marat/Sade*, aduzido, entre outros, pela autora, é sedutor. Porém a peça marca, no desenvolvimento de Peter Weiss, um momento de transição e falta de opção. Não se trata de uma síntese e sim de uma proposição aberta, tanto ao irracionalismo de Sade como ao racionalismo de Marat. Nas encenações mais importantes, a decisão coube aos diretores e o fato é que Weiss acabou preferindo a "racional", decisão confirmada pelo desenvolvimento posterior do dramaturgo, que exclui qualquer "síntese" no sentido indicado.

Outro exemplo sedutor seria o uso do efeito de distanciamento ou, melhor, estranhamento, por concepções tão antagônicas como as de Brecht e do Teatro do Absurdo. Porém, a função do efeito, em ambos os casos, é inconciliável: no caso de Brecht visa ao conhecimento e à tomada de consciência; no caso do Teatro do Absurdo exprime a perplexidade e o agnosticismo.

No prefácio ao livro, Sábato Magaldi caracteriza-lhe, com justeza, como valiosa contribuição para a bibliografia teatral brasileira. O fato de se divergir de certas convergências, longe de diminuir o interesse pelas ideias da autora, ressalta-lhe a qualidade instigante.

O Teatro Como Problema Social

A cena brasileira atravessa atualmente uma fase de verdadeiro renascimento. Escolas dramáticas transmitem a jovens de talento as noções da arte de representar, o número de palcos aumenta, encenadores e diretores de tirocínio e capacidade procuram levar à cena peças de real valor.

Concomitantemente, cresce cada vez mais o número de autores brasileiros que começam a se interessar pela criação de obras dramáticas, na certeza de que já não terão que guardá-las na gaveta. Há um "mercado" para as suas peças. Hoje, podem contar com representações condignas e com um público crescente, cada vez mais interessado num teatro real, de alto nível, ao invés de procurar evasão ou distração superficial, assistindo a farsas chulas e infantis, sem verdadeiras raízes populares.

Pensou-se, durante certo tempo, que o cinema iria aniquilar o teatro. Razões várias, particularmente econômicas, contribuíram para facilitar a penetração do filme nas grandes massas. E não há a menor dúvida de que o cinema pode ser veículo de verdadeiras obras de arte.

Infelizmente, o que se dá, em geral, é o lançamento de filmes medíocres, sem conteúdo humano, apenas valorizados por uma técnica bem feita. Ao lado disso, as produções de alta qualidade não encontram eco no povo porque, neste caso, geralmente se trata de obras refinadas que se dirigem a uma elite internacional e que não se comunicam com facilidade a um público maior, visto faltar-lhes o sabor e o interesse nacional.

É precisamente a comunicação direta e viva, e com isto a comunhão, que o teatro pode estabelecer como nenhuma outra arte. Em todas as épocas áureas do teatro, tratava-se de uma arte popular no melhor sentido da palavra, uma arte que não se dirigia a determinado "público", mas ao "povo" *tout court*. Foi assim na Grécia antiga, na Idade Média – época sem grandes obras dramáticas, porém de um grande teatro –, com os seus "mistérios" e "autos"; foi assim na Itália da *Commedia dell'Arte* e nos palcos de Lope de Vega, Calderón de la Barca e Shakespeare. A representação teatral era uma festa popular na acepção mais elevada, uma festa em que tomavam forma plástica os grandes temas humanos e nacionais, os mitos da nação, a sua religião, os seus feitos históricos, as suas horas mágicas e as suas mais altas aspirações, porém igualmente as suas ridicularias, os seus vícios e fraquezas.

No espelho do palco, o povo via refletida a sua imagem e, através dela, a imagem humana, as suas dores, os seus problemas, a sua grandeza e a sua mesquinhez. Dessa forma, vendo-se refletido à luz mágica da ribalta – ou na *skene*, à luz mediterrânea –, o povo reunido como um só ser gigantesco tomou consciência de si mesmo, enaltecido, aniquilado, sofrendo e rejubilando-se.

O cinema não se dirige a determinados povos, mas sim à massa internacional ou à elite internacional. Apenas o teatro pode falar ao povo, diretamente. Toda a produção cinematográfica, quando feita em escala industrial, é adaptada a um mercado internacional e tem que negligenciar, por isso mesmo, exatamente as mais profundas peculiaridades nacionais, as quais impediriam o entendimento de um público universal. Quando, no entanto, descreve traços singulares de um povo, quase sempre destaca o "pitoresco" e menos essencial. Talvez seja esta a causa principal do êxito do cinema: ele conta com um público abstrato, cada vez mais desnacionalizado e afastado de suas raízes profundas.

O verdadeiro teatro, bem ao contrário, exprime o povo para o qual é feito. Toda expressão é, porém, libertação. Por isso o teatro se torna, como expressão popular, um ato de libertação e purificação coletivas. Neste nexo, o verdadeiro teatro é um fato social de alta importância: educa o povo, torna-o consciente de si mesmo, transmitindo-lhe com a intensidade da comunicação estética – a mais intensa de quantas haja – as representações coletivas, os valores espirituais, as normas morais e os anseios profundos da nação. Porém, a intensidade da comunicação é mil vezes aumentada pela indução mútua entre indivíduo e indivíduo, como também entre povo e palco, através do contato direto, pela presença múltipla do povo que, aglomerado como espectador, capta qual gigantesca concha a mensagem, aumentando-lhe a vibração e o significado, depois retransmitindo-a para o palco através da sua comoção, o seu riso, o seu aplauso e pela emanação escura do "espírito coletivo" encarnado na audiência teatral. Os atores tornam-se, no exato sentido, "representantes" das representações coletivas, do ser social da audiência, e entre representantes e representados flui e reflui a corrente da comunhão.

Evidentemente, falamos de um teatro do povo para o povo – e isso é ainda possível na nossa sociedade? Não vivemos numa época em que há apenas elites internacionais e massas internacionais, momentâneas, iguais em todas as metrópoles, freguesia para tudo, multidões atomizadas que se reúnem num momento e se dispersam no instante seguinte, sem que haja uma verdadeira estrutura tradicional, indispensável para que se possa falar de "povo"?

Infelizmente, é isso que dá: temos um teatro para aquela elite burguesa e temos o melodrama do circo e do rádio para as massas. Eis a grande tarefa e oportunidade do palco e dos autores nacionais: criar um teatro de elevado teor artístico, capaz de entrar em comunicação com a massa, capaz de fazê-la vibrar em face dos grandes conteúdos nacionais e de transformá-la em "povo".

Porém, estamos aqui diante de um dilema aparentemente insolúvel: esse teatro somente pode ser criado se já se apoia no substrato popular – e tal substrato se encontra, no mundo ocidental, em franca desagregação. Trata-se de uma questão intimamente ligada a toda a cultura ocidental do nosso tempo. Pois, se o teatro tiver de ser apenas um teatro para a elite, para um "público" seleto, ele terá falhado no seu sentido mais profundo. Um teatro neste aspecto parece existir, no presente, somente no Japão, na China, Rússia e em Israel. O teatro nos Estados Unidos é o de uma cidade apenas – de Nova York –, ponto de reunião de elites e de massas. A existência ou não existência de um verdadeiro teatro popular é, em última análise, o índice da existência ou não-existência de verdadeiras culturas nacionais dentro da cultura ocidental.

Teatro Sem Grilhões[15]

I.

Segundo observações de Hugo von Hofmannsthal[16], Max Reinhardt[17] emitiu a seguinte opinião: "Para que uma peça de teatro chegue ao seu efeito final e completo, o poeta deve

---

15. Original em alemão: "Entfesseltes Theater", em *Anuário Staden*, n. 20, 1972. Tradução de Werner S. Rotschild.
16. Hugo Laurenz August Hofmann (1874-1929) foi escritor e dramaturgo na Áustria e na Alemanha.
17. Max Reinhardt (1873-1943) foi produtor e diretor de teatro na Áustria e na Alemanha, tendo se tornado famoso por suas grandes produções.

deixar o campo livre para o diretor, o diretor para o ator e o ator para o espectador: só na alma e na mente deste último deve completar-se o jogo de trocas."

Reinhardt apoia um teatro mais livre, menos dependente do autor e da literatura, no contexto de movimentos modernos que começaram no início do século XX e que foram levados adiante batalhando por um teatro mais ou menos "sem grilhões". Essas tendências mais radicalizadas assumiram feições de inimizades literárias, principalmente sob a influência do diretor e teórico francês, próximo do surrealismo, Antonin Artaud (1896-1948).

No Brasil, Mário de Andrade, um dos líderes do movimento de renovação da chamada "Semana da Arte Moderna" de 1922, nos anos 1930 voltou-se contra a "forte e perigosa atração exercida pela palavra, em função da qual, em nossa civilização, a literatura domina o teatro levando--o a um desequilíbrio. Foi esquecido que o teatro é essencialmente um espetáculo"[18].

Somente após a Segunda Guerra Mundial o diretor – ou seja, o representante do teatro – começou a ganhar um papel decisivo no Brasil, exigindo cada vez mais uma colaboração criadora juntamente com cenógrafos, figurinistas e outros especialistas. A importância cada vez maior do diretor liga--se cada vez mais com o cuidado que é dado ao texto e aos propósitos do autor. Esse cuidado é recomendado hoje por inúmeros expoentes do teatro brasileiro. Faz parte da natureza das coisas que a primazia do diretor, isto é, a faculdade imaginativa, ultrapasse os limites do modelo literário, principalmente quando o próprio diretor é também o "produtor" da encenação (que no Brasil, geralmente, é uma apresentação em série; pois o teatro de repertório com elenco permanente é de difícil sustentação entre nós). É sabido que o texto muitas vezes é, nesse caso, apenas um pretexto para as tendências pessoais de expressão do diretor.

18. Ver, em alemão, o artigo "Mário de Andrade", *Anuário Staden*, tomo 5, 1957. (N. do A.) [Em português, Mário de Andrade, *Letras e Leituras*, São Paulo: Perspectiva, p. 95-116.]

Os dois outros pontos da mensagem profética de Max Reinhardt, que ressaltam a liberdade criadora do ator e do público, tornaram-se realidade no teatro internacional e no teatro brasileiro. É evidente que, desde o século xix, muitas personalidades de teatro brasileiras desempenharam um papel importante. Isto, porém, na condição de estrelas, como comediantes virtuosos e em papeis individuais, em torno dos quais havia um grupo de elementos que podiam ser intercambiados à vontade. Atualmente, especialmente nos grupos de *avant-garde,* o coletivo dos atores, na sua totalidade, é tido como um conjunto de forças que têm posição criadora e plasmante. Em casos extremos, esses grupos procuram libertar-se da tirania do texto. O suporte do teatro é, em última instância, o ator, sobre cujos ombros tudo descansa. Para que o teatro exista pode faltar tudo, menos o ator. Por que não deveria ele, como coletivo, mas plasmado por um espírito comum, expressar a sua própria vivência, a sua experiência pessoal, ao invés de depender de prosadores que lhe são alheios, mostrando características alheias? O coletivo sente-se como uma comunidade que apresenta a sua concepção de vida com paixão, muitas vezes política, representada por teatrólogos tipo *agitprop,* e outras vezes místico-anárquica, correspondendo aos movimentos *underground* e da contracultura. Torna-se, então, quase necessário o desligamento do autor em favor da "criação coletiva", introduzida profissionalmente no Brasil pelo grupo do Teatro de Arena de São Paulo, com a peça política *Doce América, Latino-América.*

Nos grupos mais orientados para o "místico", trata--se menos de conjuntos de atores do que de comunidades sectárias. Os atores não representam caracteres fictícios, mas procuram viver quase como sacerdotes e celebrantes de um ritual mais ou menos primitivo. Chama a atenção, neste caso, a furiosa aplicação física, o frequente desligamento da palavra (como, por exemplo, na criação coletiva *O Terceiro Demônio,* do grupo de estudantes do Tuca, de 1970), a tendência para a pantomima e a função corporal, o corpo muitas vezes coberto apenas por pequeníssimo aventa, levado à pobreza de um dervixe[19]. Torna-se evidente e clara a influência do diretor polonês Grotowski, das criações coletivas do "Living Theatre" e das teorias do "Teatro da Crueldade" de Antonin Artaud.

Paralelamente à retirada dos grilhões, levando o ator a uma função ritual, quase dionsíaca, aumenta o esforço de eliminar a divisão entre palco e plateia, fazendo o público participar ativamente de alguma forma. O público deve ser incluído no jogo ritual ou na "cerimônia", porém de uma forma muito mais ampla do que a conceituada por Reinhardt. O espectador tradicional, contemplativo, que participa dos processos do palco apenas de forma imaginária, deve agora tornar-se partícipe de uma festa em comum, ator num *happening* ou membro de uma "comunidade" junto a um ritual. Chama a atenção o uso de incenso e o estímulo do sentido do tato através do contato corporal. O teatro quer ser "multissensorial" e não usar apenas os sentidos mais "elevados" (olhos e ouvidos).

Em meio a isto tudo, aparecem singularidades de uma mística confusa de origem eclética, um sincretismo de fontes asiáticas, europeias e, no caso do Brasil, muitas vezes alimentada por fontes africanas. Muitos desses movimentos apareceram, embora de maneira retardatária, através das ondas dos movimentos *hippie*, *underground* e até do movimento do *rock*. Os artistas mais jovens, dentre os vanguardistas, abrem-se a estas correntes e muitos deles sentem-se atraídos pelos experimentos psicodramáticos, psicodélicos, de dinâmicas de grupos e casos semelhantes, conforme estejam na moda[20].

Trata-se, portanto, de fenômenos internacionais que são aceitos apaixonadamente pelos "grupos marginais", radicais, que exercem grande influência sobre a juventude. Os

---

19. Sobre o Tuca e o Teatro de Arena, ver, em alemão, "Brasilianisches Theater heute", *Anuário Staden*, tomo 16, 1968. (N. do A.) [Em português, O Teatro Brasileiro Atual, *Prismas do Teatro*, p. 149-172.]
20. Com relação a estes itens, ver o artigo mencionado na nota anterior. (N. do A.)

coletivos referidos tratam o teatro tradicional, bem como o público, como "mortos" ("Nós não queremos público", avisa contraditoriamente um desses grupos num anúncio), e os sindicatos de atores regionais os combatem com força, visto que eles colocam em perigo o *status* profissional dos artistas formados nas escolas de teatro.

Sem se considerar a influência difusa dos movimentos internacionais romântico-místicos na juventude (na verdade, os artistas mais maduros raramente participam dos experimentos dos mencionados coletivos), deve ser mencionado como motivo importante destes fenômenos a pesada concorrência da indústria cultural (principalmente da televisão). Levando-se em conta essa forte estrutura industrial, a qual consegue atingir o seu público enorme e relativamente passivo indiretamente através de aparelhamento técnico, o teatro acredita na sua própria peculiaridade de obter uma relação imediata e viva com o seu público existencial, presente, diretamente acessível, que colabora com a criação. Procura-se, assim, contar com o *feedback* desse público para a apresentação de espetáculos "abertos" e em parte improvisados. Em alguns casos, no teatro da contracultura pode tratar-se de subterfúgios. Deve ser mencionado que não apenas os textos, mas também as apresentações estão submetidos a forte censura, porém nos espetáculos muito "abertos", cujo desenlace é imprevisível, os censores lutam com muitas dificuldades.

II.

As tendências citadas, longe de dominar a vida teatral brasileira, em questão de números não podem nem sequer ser designadas como transcendentes. O teatro moderno "normal", que de forma moderada e até frequente pode ter alguns dos elementos de estilo mencionados, continua sendo preferido pelos empresários e diretores e pelo público em geral. Assim, nas últimas temporadas teatrais, ao lado de numerosos autores brasileiros da nova geração, na maioria delas foram apresentadas com sucesso comédias de Molière, o *Cândido,* de Voltaire, o *Peer Gynt,* de Ibsen (direção: Antunes Filho), com figurinos maravilhosos da artista gráfica Maria Bonomi, *Marat/Sade,* de Peter Weiss (direção: Ademar Guerra), e peças dirigidas por Celso Nunes, um aluno de Grotowski. Todas com encenações estilisticamente adequadas e interpretações respeitando os textos literários, apesar de algumas reduções.

As correntes atrás descritas foram as que mais influenciaram a vida teatral brasileira. Embora atualmente sejam combatidas como "irracionais", tais tendências foram as que carimbaram o teatro dos últimos cinco ou seis anos. Mesmo numa encenação relativamente "normal" como *Cândido* (direção: Silvio Zilber), o texto foi fortemente preparado. No que diz respeito à encenação, não era clássica. A ação tinha lugar em parte num palco, em parte acima das cabeças dos espectadores, numa enorme rede. A oscilação desta superfície instável e os movimentos oscilantes, inseguros e rápidos dos atores, representavam muito concretamente o sobe e desce precário da existência humana das figuras e a sua vida atribulada. O cenário tornou-se, assim, uma metáfora sobre o destino humano.

É possível falar-se das formas de independência do diretor caso a direção do mesmo não esteja em contradição com as intenções do autor. Este caso aplica-se a duas cenas de peças de Brecht[21]. Numa delas, o excelente figurinista e cenógrafo Flávio Imperio, funcionando apenas eventualmente como diretor, apresentou o padre de *Os Fuzis da Senhora Carrar,* numa cena final livre acrescentada por ele, com magníficos trajes litúrgicos e uma máscara arcaica. A intenção era que a pompa insólita devesse ser uma crítica ao poder clerical. A própria ideia foi anulada pela beleza da cena. O encenador e cenógrafo trapaceou o diretor, ou seja, a ele mesmo; os espectadores ficaram encantados, mas

---

21. Com relação a Brecht, Weiss etc. no Brasil, ver os artigos de B.A. Aust no *Anuário Staden,* tomo 11/12 – 1963/1964, e tomo 16 – 1968. (N. do A.)

a aclamação e aceitação valiam mais para a magia estética do que para a crítica ideológica.

De forma semelhante agiu José Celso Martinez Corrêa, sem dúvida um dos diretores mais importantes do Brasil, na sua encenação do *Galileu* (1969)[22]. A pequena observação de Brecht, de que o Papa Urbano VIII teria de ser paramentado, converteu-se numa cena grande e muito expressiva. A figura, que se apresenta quase nua, é vestida por monges com precisão marcial, peça por peça, com manipulação militar, com peças plásticas de material transparente e placas metálicas, num paramento que mais parece de ficção científica, até a figura orgânica aparecer quase como monumento cubista.

Essa liberdade de encenação se mostra de forma ainda mais impressionante pela introdução de cenas do carnaval brasileiro (1969), pelo mesmo José Celso Martinez Corrêa, nas quais o próprio Galileu dança samba. Ainda durante a cena de carnaval, os atores puxavam alguns espectadores para o palco para formar com eles uma "corrente solidária" através de contato físico e de fluídos corporais, abraçando--os e beijando-os. Este *happening* contradiz todos os conceitos do próprio Brecht.

Numa outra encenação brilhante de José Celso ele vai ainda mais longe, mudando o sentido da peça de Brecht em *Na Selva das Cidades*. Na peça de Brecht o herói Garga muda, pois no início resiste a qualquer suborno, mas ao fim aceita dinheiro ganho de forma desonesta; na encenação de José Celso ele rasga o dinheiro, mostrando-se um romântico incorrigível.

A luta de amor desesperadora de Garga e do seu parceiro malaio tem lugar num palco em forma de rinque de boxe. O mundo caótico e niilista deste drama selvagem não é expresso somente pelo movimento frenético dos atores, que através de gritos e choros parecem voltar à existência

---

22. Com referência a José Celso ver, em alemão, o artigo "Brasilianisches Theater heute", op. cit. (N. do A.) [Em português, O Teatro Brasileiro Atual, op. cit.]

do homem das cavernas, com expressão demoníaca, mas ainda pelos ruídos eletrônicos provindos dos bastidores e pela destruição radical, após cada espetáculo, dos equipamentos praticáveis do palco (de Lina Bardi), e que a cada dia seguinte são recompostos usando fragmentos de lixo e pedaços das demolições vizinhas. O mundo se desfaz de certa forma depois de cada espetáculo e tudo se transforma em entulho e lixo.

Mais tarde, José Celso explicou que com essa encenação (1969) queria finalizar a sua carreira de encenador junto com o seu teatro moribundo e transformado em lixo. Esta decisão foi surpreendente, pois o Teatro Oficina (São Paulo) é um dos poucos no Brasil que soube unir a continuidade do desenvolvimento artístico com o sucesso financeiro.

Vale a pena falar sobre outros passos de José Celso, pois de certa forma eles são típicos de correntes internacionais. Em 1971, o diretor convidou Julian Beck e Judith Malina para virem ao Brasil, com uma parte do já dividido Living Theatre. Não demorou muito para que o grupo anarquista de fama mundial, que pretendia realizar planos messiânicos na América Latina, entrasse em desacordo com o diretor brasileiro (que lhe atribuía tendências imperialistas), tendo sido, além do mais, expulso do Brasil sob a acusação de consumo de drogas. Apesar desses fatos, a influência de Beck e Malina foi intensa. Alguns elementos do Teatro Oficina ligaram-se ao grupo, outros se dispersaram e José Celso, apesar do seu conflito pessoal com o Living, seguiu um caminho semelhante. Formou-se uma pequena "seita" com discípulos novos, em parte despreparados mas com o mesmo espírito. Com esta trupe, José Celso cruzou grande parte do Brasil, não para fazer *teatro* mas *te-ato*, uma criação coletiva que quer ser *ato* e chamar o espectador (o *te*) para uma confissão interna, a uma "re-volição", para uma revolução espiritual que pressupõe um novo querer (re-volição).

Durante a sua viagem, o grupo parece ter conseguido grande sucesso junto à juventude estudantil de Brasília. "Convenceu" os habitantes de um vilarejo do interior de

Pernambuco a construir uma ponte primitiva por cima do riacho do vilarejo, como símbolo de comunicação e de fraternidade. Quando o dinheiro chegou ao fim, o grupo foi obrigado a apresentar-se no Rio de Janeiro, "vergonhosamente", num teatro de verdade, com cobrança de ingressos, com grande afluência de jovens. Depois de um ano, o grupo que se tinha tornado uma lenda voltou a São Paulo para apresentar-se ao seu público permanente. Em duas "sessões", tendo cada uma delas de três a quatro horas de duração (de acordo com a participação ativa da "comunidade"), são apresentadas cenas que representam o conformismo da sociedade de consumo por causa da lavagem cerebral, chegando ao inferno dantesco do nosso mundo junto com a morte do teatro tradicional. Na segunda sessão positiva, realiza-se uma "viagem" *riponga*[23], da qual participam muitos espectadores: é o sonho da solidariedade, da paz, da liberdade (inclusive sexual), da satisfação corporal: bailes, cantos, abraços, união mística de todos. Finalmente, é feito um chamado para a participação ativa do público, conversão e colaboração criativa.

Mais importante do que o conteúdo é a forma de como o público é "atingido". Após uma concentração intensiva, o grupo fixa os espectadores por minutos em total silêncio. Alguns dos "sacerdotes" descem do palco quase vazio, observando alguns espectadores num tipo de transe; outros entram no meio dos espectadores e um deles aproxima-se de forma agressiva a um grupo de espectadores, como se estivesse fora de si, gritando e espumando, pedindo que os assistentes libertem o cérebro do mofo e do lixo. Finalmente, alguns grupos de espectadores, quase hipnotizados, são amarrados e puxados ao palco, onde são iniciados jogos e cânticos rituais. Chama a atenção uma oposição e resistência corporal (em certo sentido política) de muitos estudantes de São Paulo. Muitos deles resistiam aos "fluídos" e à "magia" das apresentações, que consideravam um apelo irracional. Mesmo essas manifestações de "onda mística"

---

23. Pejorativo de *hippie*.

eram consideradas pela seita como uma participação ativa de um "novo trabalho".

III.

Uma das personalidades mais importantes do teatro brasileiro é, sem dúvida, Ruth Escobar, uma atriz que há anos causa sensação pela ousadia das suas empreitadas como produtora. Proprietária de três teatros num único complexo construtivo, em 1972 mandou quebrar o muro de um dos teatros apenas para que os arranha-céus de São Paulo fizessem parte do cenário de uma peça que transcorria em New York.

Quatro anos antes, ela transformou uma grande oficina num teatro que foi equipado com vários palcos centrais e um rinque periférico, de tal forma que os espectadores acomodados em poltronas giratórias pudessem participar simultaneamente de vários acontecimentos. Tudo isso para encenar *O Cemitério de Automóveis*, de Arrabal, peça composta de vários atos e dirigida por Victor Garcia, argentino vivendo na França. As carcaças dos automóveis, em parte no chão, em parte suspensas, enchiam a oficina e os atores faziam as suas acrobacias no meio dos destroços. O palco era circundado por motocicletas, atletas, mulatas dançando quase nuas, música retumbante, acompanhada de pancadas rítmicas contra placas metálicas reverberando no ambiente. Mais do que do desencadeamento desse teatro do "pânico", mais do que da fascinação visual das cenas, mais que do tumulto de gritos e ruídos, do que do texto e da palavra, estava sendo formado o mundo demoníaco-obsceno e sadomasoquista do autor espanhol. Todos os dispositivos espaciais e técnicos da edificação do teatro improvisado foram colocados a serviço do público, visando a que o mesmo não se sentisse apenas contemplativo diante do palco ou distanciado e confrontado pelo mesmo, mas cujos dispositivos ajudavam a que fosse compelido a entrar no turbilhão, colocando-o no centro da agitação.

Da mesma dupla empresária/diretor é a famosa encenação (1969) de *O Balcão*, de Jean Genet, com execução arquitetônica de Wladimir Pereira Cardoso. Ruth Escobar investiu cerca de US$ 100,000.00, uma quantia extraordinária para as condições do teatro brasileiro. Ela destruiu e esvaziou o seu maior teatro, que por causa do terreno em queda tinha uma enorme profundidade, e com o uso de 80 toneladas de ferro levantou uma estrutura interna de 27 metros de altura.

Victor Garcia é pessoalmente muito próximo de Genet, mas essa encenação servia primordialmente como ponto de partida para os seus próprios sonhos e visões audiovisuais. Ele fez pouco esforço para transmitir o texto na sua função lógico-discursiva, porém tentou uma aproximação com o seu espírito, ou mais exatamente com o seu magma ainda não solidificado e não articulado como palavra. A palavra foi fundida, na riqueza da linguagem cênica, com sons cerimoniosos e fórmulas mágicas, como ritmo, cor e movimento. Um efeito semelhante de liturgia mágica era transmitido pela singular música tibetana. Mesmo os atores, de um lado dignitários com figurinos maravilhosos ou acrobatas quase nus, nessa festa dos sentidos serviam mais como figuras hieráticas e "hieróglifos movimentados" do que como representantes de caracteres.

Genet e Garcia, assim como o seu mestre Artaud, são representantes de um teatro "pré-lógico, anárquico, cruel", determinado a liberar os espectadores dos seus "impulsos destruidores", retirando o "pus dos abscessos sociais e morais" (Artaud). Por meio de fortes impressões sensitivas e estímulos nervosos procura-se colocar o espectador numa excitação máxima, num estado frenético de delírio. A metafísica deve "penetrar no interior através da nossa pele". Ruth Escobar deu a Garcia toda liberdade para que, apoiado por arquitetos e um grande elenco, o ritual satânico de Genet atingisse os espectadores "até as entranhas".

A maioria das peças de Genet expressa a vivência do vazio ou do nada. Tudo o que parece ser real no seu mundo de espelhos é desmascarado como aparência. Uma existência sem essência abre-se como imagem e máscara. A alegoria da cebola de *Peer Gynt* também vale aqui: sob tantas sombras, no lugar do cerne existe o Nada. O bordel, a "casa das ilusões" do "balcão", onde burgueses fazem teatro no teatro e assumem os papeis de bispos, generais e altos funcionários, e onde são tratados por prostitutas submissas como dignitários, representa o símbolo desse vazio e da procura infrutífera pelo preenchimento de saudades e ânsias secretas. Esta filosofia niilista é sublinhada ainda pela circularidade da peça, que indica uma eterna volta à mesma situação. A revolução, que deve destruir a sociedade ilusionista, é desmascarada apenas como ilusão, que no melhor dos casos deve criar uma nova sociedade cheia de ilusões.

Sartre e George E. Wellwarth (em *The Theater of Protest and Paradox*[24] [*O Teatro de Protesto e de Paradoxo*]) comparam a obra de Genet com um pião rodopiando, que confunde o pensamento claro, gerando as vertigens de um vazio, ou ainda com uma espiral afinando-se em forma de funil e se "desbobinando concentricamente para o nada".

A encenação conseguiu transmitir essa vivência para a linguagem visual-cênica (com a contribuição auditiva da música tibetana): o teatro foi transformado num funil gigantesco de 27 metros de altura, dentro do qual tinha sido montada uma espiral vibratória praticável de arame, que girava em volta de uma plataforma de palco transparente de PVC, oscilando para cima e para baixo dentro de uma espiral afinando-se, que servia como corredor e que era o lugar dos espectadores. Estes ficavam literalmente envoltos no mundo de Genet. A sensação simbólica de vertigem, ocasionada pelo carrossel do texto, tinha se tornado realidade fisiológica. A verticalidade da construção arquitetônica reforçava o redemoinho do texto, um balanço dialético real, gerando ao mesmo tempo enjoo e acrofobia, principalmente para aqueles que podiam ser considerados mais vítimas do que espectadores e que

---

24. New York: NYU, 1971.

oscilavam na borda do precipício a quase trinta metros de altura, num tapete de arame, protegidos apenas por um parapeito também de arame. O estado mórbido da sensação de vertigem, no qual parece que todos os objetos giram em volta de nós, parece ter sido promovido intencionalmente pela aparente fragilidade da construção. Uma rede tecida de metal e vazio, sem pontos de apoio reais, que às vezes chegava a entrar em oscilação vibratória, levava os espectadores a ter pesadelos de precipitar-se no nada. Os aspectos circenses da encenação, com atores "nadando" no espaço suspensos em mínimas plataformas ou apenas com cintos de couro, transmitindo os seus papeis nas alturas vertiginosas, e também o palco transparente principal de PVC atravessado por feixes de luz, reforçavam a impressão de irrealidade.

Esta encenação barroca teve várias críticas: o que tinha a ver a peça e sua apresentação com os seus enormes custos, com as suas ideias arcaicas e refinadas e ao mesmo tempo primitivas, e com a realidade dos problemas brasileiros, em conjunto com um teórico e poeta francês e um argentino importado, vivendo na França? A crítica não deixa de ser totalmente injustificada. Entretanto, tratava-se do auge do *teatro sem grilhões*, indicando a que ponto poderia chegar a sua execução e apresentação, tanto quanto a técnica brasileira das artes cênicas, principalmente pela iniciativa e espírito empresarial de Ruth Escobar. A maturidade relativa de um país em desenvolvimento, que por muitos séculos tinha sido culturalmente colonizado, correndo o perigo de cair no extremo oposto de um nacionalismo cultural estreito, pode ser vista como tendo encontrado uma proporção razoável. A coragem desta excitante apresentação, qualquer que seja o nosso posicionamento artístico-intelectual, deve ser vista como uma marca histórica do teatro brasileiro. Sob esse ponto de vista, isto talvez só tenha sido possível num país em que, em muitas áreas culturais, as estruturas ainda não totalmente fixadas convidam a tais aventuras corajosas.

6. ANÁLISES E PARECERES

A Propósito de "Dez Para às Sete"

Walter G. Durst, de início ligado ao cinema, vem se destacando há anos no rádio e na televisão paulistanos como autor e produtor. A peça *Dez Para às Sete* é a sua primeira tentativa no domínio teatral a alcançar o público em forma de livro, graças à iniciativa do Serviço Nacional de Teatro.

Não deixa de ser digno de nota que um autor a serviço das "indústrias culturais", para exprimir os seus e os nossos problemas, resolva recorrer ao teatro, isto é, a uma arte em pleno estágio artesanal. Não se trata de um caso excepcional, mas o fenômeno é de sumo interesse, particularmente numa época em que muitos homens de teatro se mostram tentados pelas indústrias de divertimento, veículos que, graças à técnica, atingem um público muito amplo e parecem tornar-se, em definitivo, as bases de uma nova arte popular. Não faltam mesmo homens de teatro que manifestam dúvidas sobre a própria possibilidade de o teatro, como linguagem artística, equiparar-se à do cinema, rádio e televisão na expressão do mundo moderno. Deve-se, pois, supor que necessidades profundas se imponham quando, precisamente em tais circunstâncias, um homem da televisão apela para a antiquíssima arte do palco. Externam-se no próprio fato, de certo modo, uma crítica, certamente não em relação às indústrias de divertimento como tais – o que seria estéril –, mas ao menos em relação ao seu nível atual no Brasil e à maneira de como costumam ser conduzidas. O autor que assim procede provavelmente espera que a linguagem e a organização cênicas – embora talvez "atrasadas" quando comparadas aos veículos industriais – lhe garantam, em maior grau, a integridade da criação artística individual.

Tal fato evidencia-se em *Dez Para às Sete*, cujo próprio tema é a televisão ou, pelo menos, determinado tipo de programa. Pelo menos no Brasil, parece ser a primeira vez que semelhante assunto é abordado em termos teatrais, e isso com uma seriedade e força dramática que, desde logo, ampliam a validade do enunciado para além do foco temático. A crítica, nunca explícita, nunca transformada em sermão e discurso, deflui do enredo, da ação e do drama das personagens. O autor acentua, numa nota, que a peça é plenamente fictícia. Não visa pessoas, acontecimentos ou empresas reais. A sua intenção é apontar criticamente fenômenos que decorrem de condições gerais e de certo sistema de divertimento industrializado, sem que caiba culpa direta a ninguém individualmente. Longe de atingir apenas determinado tipo de programa, a peça procura desvendar certos mecanismos gerais das indústrias de divertimento e iluminar uma situação social. Desmascara-se toda uma concepção falsa da inteligência e da cultura, confundidas com a memorização mecânica de dados atomizados, e ao mesmo tempo toda uma engrenagem poderosa, cujo funcionamento, nas circunstâncias atuais, tende em certos casos a difundir valores que se deformam pela necessidade da oferta sensacional – oferta que corresponde a uma procura de antemão domesticada pelo produto oferecido. Com efeito, a produção não se adapta tanto ao consumidor, como adapta este à mercadoria. E não é preciso dizer que, em geral, trata-se de um nivelamento para baixo. Tornam-se visíveis certos aspectos ambíguos e angustiantes das indústrias culturais, em si veículos de comunicação preciosos e de imenso valor, mas que pelo seu processamento em nosso mundo passam a se tornar gigantescos instrumentos para manipular seres humanos através do "suave terror" do divertimento.

O drama de Nemésio, enredado numa engrenagem da qual não consegue escapar, a sua destruição e a de sua vida familiar, tem neste sentido uma exemplaridade que ultrapassa o caso singular e extremo, enquanto tal perfeitamente verossímil. Não se descuidou o autor da motivação psicossocial do seu personagem central, nitidamente configurado no seu ambiente pequeno-burguês, na sua vida familiar, na sua profissão, no seu sentimento de inferioridade como marido de uma mulher de mais prestígio que o dele e como sargento da Força Aérea que não é aviador – enfim, no seu anseio de se projetar para além da condição mesquinha por meio da identificação com o mito poético do herói romântico Castro Alves. Nada falta para caracterizar Nemésio na sua semicultura, na sua ingenuidade e na sua ambição manipulada. O processo da sua dissolução íntima é apresentado com coerência e vigor dramático. Antes de ser crítica cultural e social, a peça é um drama humano, cheia de simpatia pelo destino do protagonista.

Homem simples e estudioso, Nemésio resolve competir com os seus conhecimentos num programa de televisão. Começa a participar de uma comédia na qual, por melhor que possam ser as intenções de todos, a má-fé acaba fazendo parte das regras do jogo. Em tudo reina o poder convincente de um veículo que, manipulando a realidade com os recursos sedutores da ficção, sabe igualmente dar à ficção tamanha força de realidade que nunca se sabe, exatamente, o que é real e o que é fictício. A própria realidade se torna disfarce e pose, já que de antemão se adapta às exigências das câmeras e procura conformar-se ao acondicionamento da mercadoria em busca de mercado. O estudo de Castro Alves, de início *hobby* e paixão de um autodidata aplicado, torna-se uma obsessão manipulada, calculada em termos financeiros e, logo, mercantilizada para, desse modo, associada a outras mercadorias anunciadas, promover o funcionamento da engrenagem e a venda de produtos. Inicia-se um sutil processo de degradação humana. O *hobby*, agora artificialmente cultivado, industrializado e ao fim subtraído ao domínio do indefeso protagonista, acaba por adquirir autonomia como um tumor maligno, levando à dissociação da personalidade de Nemésio. O próprio animador, peça importante nesta farsa, que pretende difundir cultura e exaltar a inteligência, é tanto mais vítima do mecanismo quanto mais ativo é o seu papel para mantê-lo em movimento.

Pode-se discordar de um ou outro traço da peça, nem sempre conduzida com plena segurança e, em alguns momentos, encaminhada para situações não resolvidas de um modo inteiramente satisfatório. O autor talvez não tenha levado a análise à profundeza possível e nem sempre parece ter notado a importância de todas as implicações do seu grande tema. Todavia, não cabe a fórmula tradicional de a peça revelar um autor que promete. Ela nos revela um autor na posse de recursos dramatúrgicos incomuns. Seu diálogo é ágil e inteligente, move a ação e caracteriza os personagens e o seu mundo. As personagens têm vida e as situações são significativas. O enredo quase sempre é construído com habilidade e desencadeia momentos de grande tensão dramática. Os membros do júri responsável pelo Primeiro Concurso do Serviço Nacional de Teatro (1964) concordaram quase sem exceção em distinguir esta peça com um dos principais prêmios.

A Prostituta Respeitosa

Esta obra de Sartre é, ainda hoje, apesar da sua pintura em preto e branco (com os brancos pretos e os pretos brancos), ou talvez por isso mesmo, uma peça não apenas atual como também de poderoso efeito. A sua atualidade porventura seja no presente maior do que na década de 1940. A obra, construída com eficácia dramática, ultrapassa de longe o mero engajamento político, a acusação ao ódio e à loucura racial. Demonstra com lucidez o sufocamento da "existência" pela "estrutura", da liberdade pela "decisão dirigida" e pelo "sistema". Na cena final, a prostituta que durante certo momento se elevara à grandeza de uma heroína autêntica, volta a se tornar mero objeto, enquanto a "ordem" se estabelece. Fred, falando a ela, "en lui tapant la joue" (esbofeteando-lhe o rosto), diz: "Allons, tout est rentré dans l'ordre" (Vamos, tudo voltou à ordem). Que ordem!

A obra é rica de implicações sociais, políticas e filosóficas, e sua encenação merece todo o apoio.

A Raposa e as Uvas

A peça de Guilherme Figueiredo é hoje tão famosa, em escala internacional, e já obteve tantos êxitos no exterior, que será muito interessante revê-la numa boa encenação, para verificar a reação atual do público brasileiro. A peça tem excelentes papéis e a proclamação enfática da liberdade do homem é, hoje, mais oportuna do que nunca, embora a liberdade, tal como exaltada nesta peça, se me afigura demasiado abstrata e envolvida por elementos um tanto melodramáticos. Esopo, o feio personagem central, em todo caso, é na sua inflexibilidade absoluta um herói marcante e a sua relação com a bela Cleia não deixa de ser tocante.

Certas pretensões filosóficas da peça dão-lhe um ar superior ao seu verdadeiro alcance, que é apenas mediano. Mas não se lhe pode negar dramaticidade e hábeis golpes de efeito, além de uma ação tensa, emocional e interessante – elementos que, reunidos, talvez expliquem o rendimento que a peça costuma ter entre os mais diversos públicos.

Abre a Janela e Deixa Entrar o Ar Puro e o Sol da Manhã

Antonio Bivar parece-me ser um dos mais interessantes jovens autores de talento entre os que ultimamente surgiram no campo da dramaturgia brasileira. A primeira peça, *O Começo é Sempre Difícil, Vamos Tentar Outra Vez*, afigura-se como tentativa bastante bem sucedida no domínio monopolizado por Plínio Marcos, com um ambiente mais da pequena burguesia do que do submundo, e com tendências de ultrapassar o naturalismo por escapadas poéticas e fantasiosas que rompem a estrutura ilusionista do naturalismo.

A segunda peça, *Abre a Janela e Deixa Entrar o Ar Puro e o Sol da Manhã*, confirma a tendência da "escapada". Visando a circunscrever parabolicamente traços essenciais da existência e das relações humanas, o autor abandona nesta peça totalmente o teatro ilusionista envolvendo a plateia no jogo cênico, de um modo pirandelliano, transformando a cena em "realidade" e a realidade da plateia em ficção e "cena". A peça tem forte cunho onírico-imaginário e emancipa-se dos últimos vestígios do teatro aristotélico, de um modo semelhante ao que ocorre em peças de Beckett e Ionesco, que certamente exerceram forte influência sobre o autor; a peça não tem uma ação em desenvolvimento, mas gira em torno de uma situação fundamental, a da "existência encerrada", ilhada, afastada dos eventos do mundo, existência que se esgota no círculo masturbatório das memórias e da vida puramente imaginária e numa atividade dedicada a produzir flores artificiais para os mortos (pensa-se em Jesus: "Deixai os mortos enterrar os mortos!"). Ademais, todas as leis da verossimilhança são abolidas, não há a costumeira lógica, causalidade, as personagens se fundem e se dissolvem por falta de continuidade psicológica e pela sua tendência de "esquecer" ou inventar, a seu bel prazer, o seu passado e mesmo os seus próprios companheiros, situações e destinos.

A peça propõe indubitavelmente certos problemas não resolvidos de comunicação com um público não acostumado às proposições do Teatro do Absurdo a que se filia de um modo original e bem pessoal. Poder-se-ia criticar a peça segundo muitos pontos de vista. O que ressalta, no entanto, é o insólito desta obra e o talento do seu autor.

"A Fiaca", de Ricardo Talesnik

Há um costume índio – parece que se chama *panema* – que tem certa semelhança longínqua com a "fiaca" do heroico anti-herói desta peça. O índio se retira dos afazeres cotidianos e se recolhe como se estivesse farto de tudo. Porém o índio, no caso, está perfeitamente integrado nos padrões culturais de sua tribo, já que tal comportamento é considerado tradicional. Nestor Vinhale, ao contrário, o funcionário mais pontual da empresa Fiagroplast, que durante dez anos nunca faltou um dia sequer aos seus deveres rotineiros de empregado eficiente, rompe com os padrões sagrados da civilização ocidental ao resolver, certo dia, ficar na cama, sem avisar a empresa, simplesmente porque de repente deu-lhe na veneta sair da rotina do "mundo administrado". Vê-se bem que este indivíduo subversivo abala os valores mais sublimes e encarecidos da nossa amada civilização cristã, democrática, liberal, humana e, principalmente, sadia, antes de tudo o valor do "comando ocidental de atividade", segundo a expressão de Thomas Mann (*Montanha Mágica*). Esse João Ninguém, pecinha bem engraxada da engrenagem, repentinamente engiça. Tem a absurda ideia de fazer amor numa segunda-feira de manhã, ainda por cima com a própria esposa. É tão louco que chega a se sentar durante três horas seguidas num parque, aparentemente para contemplar os pombos, e a jogar futebol num terreno baldio – tudo isso num dia comum qualquer, quando todo mundo trabalha.

O estranho e absurdo da atitude de Nestor talvez se manifeste, de modo mais flagrante, na Inglaterra, Alemanha ou Suíça, país este último cujos excelentes relógios, produzidos com pontualidade, são o símbolo de um mundo em que *time is money*. Na América Latina, temos ainda certa familiaridade com a "fiaca" de Nestor. Lembro-me daquele carregador de Corumbá que, na época em que ainda se chegava lá de navio, pelo Rio Paraguai, escolhia cuidadosamente entre os viajantes aquele de mala mais leve, fazia o seu serviço, pondo a mala na cabeça, e passava o resto da semana sentado debaixo de uma palmeira, entretido em picar o tabaco para os seus cigarros de palha. A fiaca era, por assim dizer, o seu estado normal. Não precisava ler Herbert Marcuse. As concepções segundo as quais vivia são perfeitamente respeitáveis, embora não possam ser as de um país que precisa se desenvolver num mundo terrivelmente competitivo. Depois de tudo isso, torna-se claro que o problema da peça de Ricardo Talesnik chega a ser quase metafísico, visto pôr em xeque as concepções fundamentais da nossa cultura.

Não é costume criticar uma peça de que se faz a apresentação num programa destinado a ser lido por quem vai assistir, ou acaba de assistir a esta mesma peça. Entretanto, talvez se deva destacar que a obra de Talesnik perde em peso filosófico, embora ganhe em força dramática e humana, devido à explicação psicológica, aliás rica e complexa, que apresenta do comportamento do "herói". Este, indivíduo maníaco-depressivo consumado, oscila entre atitudes heroicas de desafio e autoritarismo e estados de desânimo, abatimento e frustração. As suas relações com a mãe, que o trata como nenê e objeto, prometem análises profundas por parte da psicologia profunda, cujos expoentes se aterão, particularmente, ao seu retrocesso a fases infantis em que fuma cigarros de chocolate e distrai os dentes com bolas de algodão-doce. A partir daí, a fiaca de Nestor já não é tanto uma proposição filosófica, que põe em questão os valores básicos da nossa civilização mas, antes, o problema psicológico de um indivíduo frustrado pela banalidade da rotina, que volta à infância, quer cabular as aulas e sonha com profissões mais prestigiosas ou mais românticas do que a sua. O fim, cruel e tragicômico, revela a inconsistência da aventura anárquica de Nestor. O balão inflado repentinamente esvazia-se e murcha. Triunfa a engrenagem representada pela mãe, pela esposa e pela empresa, tomando conta de novo de quem apenas quisera evadir-se dela através de uma fuga onírica e infantil, sem lhe opor nada de positivo, nenhum valor sobreindividual que pudesse inspirar uma atuação verdadeira. No fundo, os seus próprios sonhos são determinados por esta engrenagem, uma vez que são apenas a imagem negativa dela.

De uma ideia razoavelmente boa, mas inconsequente, o autor não conseguiu tirar muito proveito. Tem-se a impressão de que o *sujet* do funcionário modelar que, cansado do escritório, de repente resolve ficar em casa e sair da engrenagem da rotina cotidiana, serviria excelentemente para um conto ou para uma pecinha de um só ato breve, mas não para uma peça destinada a encher uma sessão completa. Há uma série de inverossimilhanças que, dentro do contexto realista da obra, se fazem notar como falhas.

Em todo caso, há certa graça e certos momentos bonitos e humanos que, bem encenados e representados, talvez possam sustentar um espetáculo razoável.

Anton Tchekhov: Três Minipeças

Afigura-se altamente meritória a tradução destas três pequenas peças de Tchekhov, ao que parece realizadas com cuidado e competência. Embora não fazendo parte das grandes obras do autor russo, as pecinhas são bem características, precisamente pela forma menor, breve e incisiva, do impressionismo dramático dos fins do século XIX. A temática fundamental do grande narrador e dramaturgo – o "desilusionamento", desengano e desencanto, assim como o tédio e a banalidade da vida miúda e cotidiana de gente medíocre, sem "ideia central" – é magistralmente condensada nas três minipeças, cada qual repassada de um profundo toque humano e de uma melancolia que se casa, mormente nas duas últimas obras, perfeitamente com o humor característico da tradição russa.

As três peças – é quase certo – farão daqui por diante parte dos programas do teatro brasileiro, graças à economia de sua encenação e aos excelentes papéis que oferecem a atores de categoria. Sua apresentação merece todo o apoio.

As Criadas

A peça de Jean Genet, uma das melhores e mais famosas de sua obra, hoje um clássico do teatro de vanguarda, não necessita de recomendações. A morte de uma das criadas, ao desempenhar ritualmente o papel de "Madame", objeto dos ódios, amores, desejos e fantasias de duas criadas, é considerada como chave para a dramaturgia do grande narrador e dramaturgo francês. A invocação ritual do mundo de "Madame", acessível às criadas somente através da encenação lúdico-onírica, as sugestões homossexuais e sadomasoquistas, são traços cararacterísticos deste *poète maudit*, que foi revelado ao mundo por Sartre, Cocteau e Picasso. A encenação, particularmente desta peça de Genet, merece todo o apoio.

"Cemitério de Automóveis" etc.

As quatro peças de Fernando Arrabal, reunidas num só programa, representam sem dúvida uma excelente seleção da obra deste autor que, pouco conhecido aqui, é considerado um dos mais insólitos expoentes do Teatro do Absurdo e que, ultimamente, vem encontrando repercussão cada vez maior na Europa.

A Primeira Comunhão é uma "peça de desmascaramento" que, por si só, daria margem para estudar a transformação ocorrida no teatro, no nosso século, tomando como ponto de partida as "peças de desmascaramento" de Henrik Ibsen. Com uma simplicidade que se diria quase clássica, opõem-se as mentiras convencionais (depositadas nos conselhos dados pela mãe à filha inocente) à realidade humana encoberta (posta em cena pelas três personagens mudas, o caixão e a mulher morta). É particularmente feliz a maneira como a peça faz um protesto contra as palavras melífluas, lançando contra elas a atuação muda, perversa e sangrenta, violentamente contrária às palavras. Quem quiser, poderá tirar dessa pequena peça toda a psicanálise e boa parte de Nietzsche, o qual disse que o homem repousa, ignorante, sobre um tigre (o próprio inconsciente).

A peça *Os Dois Carrascos* parece inspirar-se em motivos autobiográficos: a esposa denunciando o marido aos carrascos (a polícia de Franco), enquanto tece uma imensa rede verbal de autocomiseração, apoiada por um dos filhos. O outro, que inicialmente resiste e acusa, acaba cedendo afinal e se integra na paz amorosa da família unida. A cena final é de álbum de família. A foto mostra a harmoniosa família tradicional encobrindo o cadáver do pai sacrificado.

A Oração: neste diálogo blasfêmico (portanto, religioso), impregnado de uma estranha pureza cínica, os valores mais altos são relativizados em função do divertimento e do tédio. Os problemas da moral e da religião são focalizados a partir de um mundo infantil e completamente amoral, aliás, diante do caixão de quem foi morto pelos dois personagens que queriam se divertir um pouco. Ser mau é "feio" e ser bom é um jogo que, talvez, possa ser interessante, embora seja mais provável que acabe por resultar em chatice.

É incrível a capacidade de Arrabal de, num diálogo inocente ao pé da lareira – que neste caso é um caixão –, revolver até o âmago problemas fundamentais, deixando o espectador desabrigado, expulso por assim dizer do apartamento confortável do seu pensamento habitual.

O Cemitério de Automóveis, a maior das peças, é ao mesmo tempo uma das mais conhecidas e mais interpretadas. Dela se pode dizer aquilo que Apollinaire disse da sua obra *Les Mamelles de Tirésias* (*As Tetas de Tirésias*): "Nenhum dos símbolos na minha peça é muito claro, mas tem-se a liberdade de nela ver todos os símbolos que se queira e de nela encontrar mil sentidos – como nos oráculos sibilinos".

A peça é um dos exemplos mais puros e fortes do Teatro do Absurdo, devendo ser destacado, neste sentido, o seu cunho grotesco, a dissociação e a falta de continuidade das personagens, bem como o teor onírico, para não falar da paródia à Paixão de Jesus. De tudo, principalmente da alogicidade drástica da peça, resulta uma imagem deformada e esplendidamente inverossímil – e por isso mesmo reveladora – da nossa realidade.

Como em todas as peças de Arrabal, também nesta agride-nos "a mistura inquietante de inocência e crueldade", segundo palavras de Martin Esslin. A apresentação deste Buñuel do teatro em São Paulo é um acontecimento importante.

Chat en Poche

A peça é uma comediazinha típica de Georges Feydeau. Não tem pé nem cabeça, mas tem a graça dos tradicionais quiprocós e a facécia de confusões e equívocos magistralmente enovelados pelo famoso comediógrafo francês.

Pessoalmente, considero esse tipo de peça digestiva irremediavelmente *passé* e de pouco interesse, atualmente. Embora não tão velha assim, a obra exala um ar museal, um aroma de múmia e pó. Ainda assim, pode atrair certo público e não se deve exigir somente peças importantes ou relacionadas com questões vitais. Ela é interessante como exercício para diretores e atores, já que somente muito bem encenada e desempenhada pode obter certo rendimento. Paradoxalmente, uma obra assim é atraente para dois tipos de espectadores inteiramente diversos: aqueles que querem se divertir com uma insignificância culinária e aqueles que querem estudar os mecanismos e truques de certo tipo de teatro hoje "histórico".

Sob um ponto de vista rigoroso, semelhante peça, ainda por cima estrangeira, deveria fazer a sua carreira sem subvenção, em termos puramente comerciais.

"Eu Esperava Que Você Morresse... Etc.", de Wagner Melo

Quaisquer que possam ser os méritos eventuais da peça e do autor – a quem não falta talento –, *Eu Esperava Que Você Morresse... Etc.*, afigura-se-me excessiva e gratuita no tom chulo e perverso. Todos são monstros ou monstrinhos nesta peça, nenhum personagem se salva. A redução do mundo a prostitutas, homossexuais e corruptos está se tornando um clichê perigoso, prejudicial ao teatro. É de se supor que o autor vise propósitos moralistas pela apresentação do cinismo e da crueldade de uma camada social. Porém os eventos se colocam de tal forma que não se vislumbra, nem de longe, qualquer sugestão mais positiva. A corrupção e a maldade do homem são postas como definitivas, sem que tal tese radical, que somente tem sentido em contexto metafísico ou religioso, alcance qualquer transcendência.

O macabro da peça poder-se-ia tornar relevante se o autor tivesse conseguido imprimir-lhe o humor negro tão bem manipulado, por exemplo, por autores ingleses, como Harold Pinter ou Joe Orton. Mas não me parece que o tenha conseguido. A peça oscila entre o naturalismo crasso, sem ser verossímil, e a caricatura veemente, sem ser humorística. Não chega tampouco, nas cenas finais, a ser sátira, já que esta, negando determinado comportamento ou sociedade, pressupõe valores positivos a partir dos quais se possam negar os negativos.

O cadáver ridicularizado de uma mãe (ou a sua agonia) só pode funcionar dentro de um clima irreal, lúdico--fantástico, coerentemente surrealista, mas não no contexto naturalista desta peça. Não há público que suporte a profanação cínica de uma mãe moribunda em estilo realista. A violência e a provocação certamente podem fazer parte do teatro; mas a agressão deve, de algum modo, ser posta a serviço de valores ou de uma concepção, cuja comunicação exija tais recursos fortes para atingir o público. Infelizmente, não se percebe nada disso nesta peça.

Humilhados e Ofendidos[1]

A adaptação do romance à cena é tarefa das mais difíceis. Raramente é bem sucedida. Em tese, pouco de favorável se pode dizer em relação a tais adaptações, mormente quando se trata nem ao menos de romances brasileiros que se adaptam.

Uma vez que se adapte um romance não brasileiro, é elogiável que a escolha tenha recaído sobre uma das grandes obras da ficção universal. É inevitável, no entanto, que se perca nesta transposição muito do tecido rico, diferenciado e complexo da narração, sobretudo a dimensão metafísica e a intensidade terrífica da visão que o autor tem da condição humana. Com isso se dilui boa parte da experiência poderosa e, por vezes, assustadora que a leitura do romance proporciona.

O que resta, fundamentalmente – e a estrutura dramática não permite no caso muitas alternativas –, é o

---

[1]. Adaptação do romance de Dostoiévski, por João Apolinário e Roberto Vignati.

dramalhão subjacente ao romance, o esqueleto de um enredo quase de telenovela a cujo sentimentalismo e inerente teor *kitsch*, que ressalta quando a trama é despojada da formidável densidade e da força expressiva da narração, os autores se entregaram com certo prazer, como que encantados pelo que há de Eugène Sue e outros autores menores na obra de Dostoievski.

O resultado, sem dúvida, se sustenta dramaticamente e pode resultar em espetáculo perfeitamente viável e mesmo atraente para uma variedade de espectadores menos críticos. Os elementos selecionados para serem levados à cena foram manipulados com habilidade. A carpintaria dramática é bem razoável. De Dostoievski, todavia, pouco resta ou resta principalmente aquilo que, embora inerente à sua grandeza, não a constitui e não a torna entendível.

Jornada de um Imbecil Até o Entendimento

Esta nova peça de Plínio Marcos pretende apresentar e criticar, através de uma espécie de parábola transparente e simples, a situação histórica complexa do Brasil e do mundo ocidental, tal como se afigura a um adversário do sistema capitalista.

Mais uma vez Plínio Marcos demonstra o seu grande talento, o seu humor, a sua ironia virulenta e a vivacidade da sua imaginação. O diálogo é excelente, há achados polêmicos magníficos, particularmente no que se refere ao uso contundente de chavões famosos. Entretanto, não se pode deixar de nutrir certas dúvidas acerca da eficácia cênica da peça, reduzida, talvez em demasia, a uma esquematização abstrata de que não se sabe se poderá comunicar a ideia ao público, no sentido de uma verdadeira "informação estética".

Como no caso de sua peça *Dia Virá*, em que se afasta totalmente dos moldes naturalistas de peças como *Dois Perdidos numa Noite Suja* e *Navalha na Carne*, Plínio Marcos nos surpreende também com esta peça original pela sua versatilidade e inteligência. Embora as suas melhores realizações se mantenham, por ora, ainda dentro do naturalismo, percebe-se que é capaz de superar os limites estreitos deste estilo.

"MacBird", de Bárbara Garson

O êxito mundial desta peça, publicada nos Estados Unidos em 1966 e apresentada em Nova York em 1967, é deveras estupendo. Hoje, nem passados três anos desde o lançamento do livro, essa sátira contundente encontra-se traduzida em quase todas as línguas ocidentais. A sátira visa atingir toda a liderança política dos Estados Unidos, transformada em expoentes travestidos de dramas shakespearianos, principalmente da tragédia sangrenta *Macbeth*. Não é preciso dizer quem são MacBird (paródia de Macbeth), Lady MacBird (paródia de Lady Macbeth), Ken O'Dun (Duncan), Lord MacNamara, The Egg of Head, The Earl of Warren etc. É evidente que a dramatização do assassinato de John F. Kennedy (Ken O'Dunc), atribuído a MacBird, não deve ser levada ao pé da letra. Bárbara Garson não procura agredir especificamente o presidente; visa protestar contra um clima político geral e, segundo declarou, "acusar uma série de políticos dispostos a tudo aceitar, só para se manterem nas suas posições ou chegarem ao poder". Neste sentido, ela ataca tanto Johnson como o clã dos Kennedy, e igualmente Adlai Stevenson. No prefácio da edição alemã, a peça é considerada um "modelo para a digestão cênica da política atual". A peça parece "sujar o próprio ninho", mas tal censura "não funciona num país com a memória histórica revolucionária" dos Estados Unidos. "A possibilidade de que uma peça de tal virulência crítica pudesse ser apresentada e debatida nos próprios Estados Unidos, chegando a se impor publicamente, demonstra que ela é pró-americana e não antiamericana". Semelhante fato, de qualquer modo, testemunha o funcionamento da democracia nos Estados Unidos.

A obra é, sem dúvida, um lance extraordinário de inteligência e imaginação. Sua eficácia, evidentemente, depende da tradução de Augusto Boal, que desconheço. De qualquer modo, somente pode se comunicar a um público seleto, conhecedor não somente da política norte-americana (e mundial), como também da dramaturgia de Shakespeare. Sem o entendimento das alusões shakespearianas, de difícil transposição para o português e somente compreensíveis a uma parcela do público, a sátira e paródia perdem parte de sua força e comunicabilidade. É evidente que o êxito de semelhante peça dependerá, em boa parte, do jogo cênico e da imaginação com que o diretor irá movimentar o texto.

A Respeito da Tradução de *MacBird*, por Augusto Boal

Trata-se de uma versão livre, às vezes de uma adaptação, em que por razões óbvias se acentuam mais os elementos políticos capazes de sensibilizar as plateias brasileiras do que os elementos da paródia shakespeariana, os quais dificilmente se comunicariam a um público maior. Dentro deste propósito, a versão é razoavelmente leal e, por vezes, bastante espirituosa.

É preciso acrescentar que em traduções feitas *ad hoc* para a representação, particularmente quando se trata de textos contemporâneos, raramente se cuida do apuro máximo das versões. Isso é imperdoável quando se trata de grandes textos do passado, de Sófocles, Racine, Shakespeare etc. Mas em se tratando de uma peça atual, sem grandes pretensões embora muito espirituosa e talentosa, os critérios não deveriam ser demasiado severos. É preciso levar também em consideração que uma peça teatral não é um texto de ficção narrativa. Neste, existe somente o texto, ao passo que na peça o texto é muitas vezes apenas pré-texto para a movimentação cênica. Deve-se respeitar o estilo teatral de hoje que é, essencialmente, antiliterário – concepção que provém de Appia, Craig e Artaud. Também Mário de Andrade falou da "poderosa mas perigosíssima atração da palavra com que em nossa civilização a literatura dominou o teatro e desequilibrou-o, esquecendo-se de que era antes de mais nada um espetáculo".

O texto, no teatro, é apenas um elemento entre outros (nem sempre o mais importante). O teatro, enquanto teatro vivo, não é mero garção do texto, nem museu dele. É uma instituição criativa que, por mais leal que seja ao texto, forçosamente o molda ao lhe dar dimensão cênica, ao atualizá--lo (atualização que, de alguma forma, sempre se impõe, mesmo quando se trata de obras clássicas), ao concretizá--lo através da dimensão audiovisual e ao adaptá-lo às respectivas plateias nacionais.

Neste sentido, não se pode deixar de aprovar, igualmente, o uso da gíria atual na tradução do *Burguês Fidalgo*, de Molière, tal como manipulada por Stanislaw Ponte Preta (Sérgio Porto). Essa gíria, evidentemente, envelhecerá rapidamente e, então, far-se-á necessária uma nova versão para o teatro. O que importa, em tais casos, do ponto de vista teatral (embora não do ponto de vista literário, muito mais severo), é o máximo rendimento no campo da comunicação com as plateias vivas do momento e do lugar respectivos.

No sentido apontado, parece-me também plenamente "funcional" a tradução de *Agamenon*, de Ésquilo, por Maria José de Carvalho. A versão é em prosa, o que naturalmente não corresponde à ideia de uma perfeita tradução literária (a prosa foi também adotada na conhecida tradução de Emile Chambry, edição Garnier-Flammarion). A tradução apresenta também muitos cortes, o que em termos literários seria inadmissível, mas que é perfeitamente normal em termos teatrais. Teatralmente, e para os fins a que se destina, a tradução se me afigura adequada. Tem suficiente nobreza para dar uma ideia do original e é suficientemente clara para comunicar-se. Há, por vezes, certa queda de nível estilístico – por exemplo: "essa dupla invencível dos Atridas" (o termo "dupla" parece-me, hoje, um pouco decaído), porém isso não prejudica o todo.

Marta Saré

A peça de Gianfrancesco Guarnieri inicia-se com o enterro da nordestina Marta Saré e apresenta, em seguida, de forma narrativa, através de retrocessos (*flashbacks*), a estória triste e aventureira da bela heroína e de sua lenta "conscientização". A peça tem cunho de crítica social e apresenta pesquisas interessantes no campo da linguagem popular, inspirada pelos cantadores nordestinos.

As personagens são esboçadas com traços vigorosos, fortemente tipizados. Como texto, a obra não inspira propriamente entusiasmo. Porém, o texto deixa entrever um rico e colorido jogo cênico, e visto servir de libreto para a música de Edu Lobo, deve-se supor que, bem montada, a obra possa alcançar um alto nível de espetáculo dramático-musical, em que os coros terão função essencial.

O Burguês Fidalgo

A tradução da peça de Molière "é um estouro", para falar como Monsieur Jourdain de Stanislaw Ponte Preta (Sérgio Porto); é "bem bolada" e rigorosamente "bacana". O tradutor retribuiu aos franceses, com muita graça, aquilo que os franceses, há muito, vêm fazendo ao traduzirem obras de outras línguas para a francesa: vertem-nas tão completamente que ficam encampadas. Parece-me perfeitamente legítimo o procedimento adotado pelo tradutor, na medida em que vise a um teatro vivo e não se tenha propósitos museais (propósitos que, ocasionalmente, não deixam de ter a sua razão de ser).

O Clube da Fossa

Suponho que se trate, no caso desta peça de Abílio Pereira de Almeida, de um retrato mais ou menos exato do ambiente de pederastas e dos viciados em psicotrópicos etc. Para quem não conhece esse ambiente, há informações interessantes na peça e parece que nisso se esgota, em essência, seu valor. É difícil encontrar nela qualidades que ultrapassem o mero estudo – aliás, um tanto sensacionalista – de alguns tipos de marginais. O drama não tem profundeza e ao diálogo, que por vezes cai quase no livresco, falta autenticidade maior. As personagens, com uma ou duas exceções, são variações de clichês, embora manipulados com habilidade. Reconheça-se que num ou noutro momento o autor consegue imprimir às situações uma inflexão insólita e certo ar mórbido, certa beleza perversa, certo desespero quase poético. Há aí elementos que podem inspirar um encenador talentoso.

No fim, repentinamente, se manifesta, juntamente com a ressaca dos viciados, uma intenção moralizadora e quase se diria educativa que não convence e não consegue dar à peça relevância mais elevada. Só méritos excepcionais, como ocorre por exemplo em *Navalha na Carne*, tornam peças deste teor realmente dignas de apoio, ainda mais num momento em que obras semelhantes a esta vêm se multiplicando.

Os 7 Gatinhos

Esta peça, como a maioria das peças de Nelson Rodrigues, tem uma dramaticidade avassaladora e demonstra o grande talento desse autor "primitivo". É típica, nesta obra, a preocupação obsessiva com o sexo, a virgindade, a "mulher perdida" e o "amor incondicional". Somente numa peça de Nelson Rodrigues uma personagem (o Gringo) poderia dizer: "Eu ser boa pessoa, porque não liga sexo". Toda uma família se corrompe e se prostitui para manter a pureza (suposta) de Maninha, irmã e filha mais jovem. As deformações quase grotescas acabam constituindo o mundo, em si coerente, de Nelson, mundo que tem semelhança bem remota com a realidade empírica. É a realidade tal como se reflete na mente obsessiva do autor. É possível que tal imagem corresponda a alguma verdade mais profunda, certamente considerada pelo autor como essencial e fazendo parte da "natureza humana" e da família humana vista em termos mitizados. Mas no fundo, a visão da moça em termos radicalmente dicotômicos, ao ponto de ela ser ou pura ou prostituta, é tipicamente patriarcal.

O problema que preocupa Nelson Rodrigues nesta peça (e em muitas outras), problema certamente considerado por ele como eterno, estava já um pouco superado por volta de 1800 e chegava a ser vetusto quando Friedrich Hebbel, há mais ou menos um século, o abordou na sua tragédia *Maria Madalena*, situando o drama, como Nelson Rodrigues, no mundo da pequena burguesia. Por volta de 1820, um crítico da cultura de então, falando da valsa, chamava-a de "aquela dança estrangeira e voluptuosa que esperamos não seja admitida por nenhum círculo razoavelmente moral". "As mulheres se transformaram em mênades, a inocência fugiu da sala", observa outro crítico da valsa. Nesse ambiente, o problema de Nelson Rodrigues seria, talvez, um problema.

Reconheça-se, contudo, que o talento do autor, o seu extraordinário diálogo e a sua capacidade de insuflar vida nas suas personagens, renovam um tema que varia o *sujet* (tema) de Virgínia,[2] oriundo da Roma antiga e que foi dramatizado dezenas de vezes. A localização no ambiente carioca e a interferência de espíritos chamados para revelar a identidade do corruptor da família e da casta Maninha contribuem para dar ao drama um toque de peça de costumes.

Não se pode deixar de acrescentar que a peça, ao lado de momentos de alta qualidade e de certa "poesia do lodo",

---

2. Célebre triângulo amoroso, relatado por Tito Lívio: o decênviro Ápio Cláudio, primeiro dentre os magistrados de Roma na sua época (v século a.C.), desejando Virgínia, trama um rumoroso processo para, por intermédio de um cliente, se apossar da virgem e afastar de seu caminho o noivo da jovem, Icílio, e o centurião Lúcio Virgínio, pai dela, ambos representantes da plebe.

cai por vezes francamente na subliteratura, invadindo o terreno do dramalhão.

Os Próximos

O autor argentino de *Os Próximos*, Carlos Gorostiza, é desconhecido no Brasil. A peça aborda o mesmo acontecimento dramatizado por Leo Gilson Ribeiro (há certo tempo esta versão foi apresentada no "Teatrinho" de Cacilda Becker)[3]: em certa noite, há vários anos, numa rua de Nova York, uma jovem que gritava desesperadamente foi assassinada com dezenas de facadas por um homem, enquanto cerca de trinta cidadãos assistiam a esta cena, olhando furtivamente pelas janelas, sem intervirem e sem sequer chamarem a polícia (quase todos possuíam telefone). O caso suscitou uma série de debates e reflexões e até pesquisas; na Itália, por exemplo, colocou-se à beira de uma estrada de rodagem um homem aparentemente atropelado, contando-se os automóveis que passavam (parece que muitas dúzias) sem se incomodarem com "o próximo" deitado na estrada.

A peça de Gorostiza transpõe o acontecimento para a Argentina. Introduz o espectador na residência de uma família pequeno-burguesa (que mora num prédio de apartamentos) e nos apresenta o acontecimento acima descrito a partir da perspectiva dessa família, de suas visitas e dos seus vizinhos que vêm telefonar – este momento é evidentemente realçado. Todos eles espiam através da janela o dramático acontecimento no portão do prédio, vagamente perturbados, porém sem tomar nenhuma atitude de simples fraternidade humana. O autor apanha, através deste ângulo restrito, mas bem escolhido, bem como por meio de um realismo um tanto cinzento, a vida corriqueira, prosaica

---

3. *Balada de Manhattan*, apresentada no ciclo de apresentações iniciado em 25 out. 1965.

dessa gente comum, o seu tédio, os seus motivos mesquinhos, o seu egoísmo, a sua "inércia de coração", a sua apatia, o seu desejo de "não se envolver com a polícia", a sua falta de solidariedade, o seu receio de sair da modorra moral – mas também a reação mais humana de uma vizinha (naturalmente, uma mulher de "vida airada" que, já pelo clichê tradicional, é predestinada a ser mais humana, mas isso também pelo fato de, realmente, estar menos ligada aos rígidos padrões da convenção pequeno-burguesa).

Enquanto a peça de Leo Gilson Ribeiro pecava pelo excessivo recurso a visões poético-religiosas, esta versão argentina afunda-se demasiadamente no realismo prosaico e na pequenez empírica dos motivos e circunstâncias. O absurdo desse caso terrível não se comunica em toda a sua enormidade – falta à peça um senso de transcendência e mesmo de sensibilidade maior pelos próprios momentos psicossociais que, talvez, possam explicar em parte o comportamento do homem metropolitano atual. O próprio ângulo escolhido e o estilo realista não permitem uma visão mais penetrante (já que os diálogos dos personagens não podem ultrapassar o seu horizonte limitado). De outro lado, dentro do contexto realista não foram resolvidos certos problemas de verossimilhança, principalmente de duração (o assassínio parece ser cometido em câmera lenta; isto, em si interessante, não cabe numa peça realista).

Apesar de tantas restrições graves, a peça tem certo nível e merece um apoio relativo, principalmente por causa do seu tema perturbador.

"Prova de Fogo", de Consuelo de Castro

Independentemente do que possa dizer das posições políticas tomadas na peça e, talvez, pela peça, deve-se reconhecer que a autora, sem dúvida conhecedora do ambiente e da agitação estudantis – e isso de experiência própria –, dá com esta obra uma verdadeira "prova de fogo" surpreendente de talento dramático. O diálogo apreende magistralmente a fala da juventude, as personagens principais são bem caracterizadas e os aspectos políticos, de mistura com os pessoais e humanos, ressaltam vigorosamente. O entrechoque entre convicções teóricas mais ou menos marxistas e a *praxis* do comportamento, pautado pelo estilo burguês de vida, é muito bem apanhado.

A peça certamente não é profunda e não consegue penetrar no âmago das questões abordadas. Mas apresenta um flagrante ainda assim poderoso de um momento histórico e isso com tamanha vivacidade que é difícil resistir ao seu impacto. Há, ademais, ampla movimentação cênica de modo que a peça, bem encenada, promete um excelente rendimento teatral. A autora, certamente jovem, afigura-se uma grande promessa para o teatro brasileiro.

"Tudo no Jardim", de Edward Albee

A peça parte de uma situação corriqueira nos Estados Unidos, para chegar a uma crítica devastadora de certos valores da sociedade norte-americana e não somente dela. A mencionada situação é a que poderia ser formulada como de "alto *status* econômico e extrema miséria financeira". Certa boa classe média – que é representativa para o *american way of life* (padrão de vida americano) – costuma radicar-se nos subúrbios das grandes cidades, onde é alto o padrão de vida, e então se torna vítima dos valores competitivos consagrados: é impositivo manter o padrão embora as finanças não correspondam às exigências. O padrão é imposto pelas famílias vizinhas que atiçam mutuamente, cada qual vítima das outras e dela mesma, a necessidade de possuir e fazer coisas que, pelas rendas, não estariam ao seu alcance (jardim cuidado, máquina moderna de cortar grama, estufa para as orquídeas, colégio caro para os filhos, ser sócio do clube exclusivo etc.). A famosa fórmula desse processo é *to live up with the Jones* (estar à altura dos Jones).

A peça apresenta, através do exemplo de uma família simpática e de seus vizinhos, a engrenagem dessa situação e analisa o processo de corrupção que daí decorre. As esposas, ao fim, são obrigadas a se prostituir para manterem o alto nível de vida. É claro que a prostituição é apenas o símbolo de uma corrupção mais profunda e mais geral (situada nos falsos valores), ligada à "sociedade de consumo", à *affluent society* (sociedade afluente[4]). À sua maneira, também os maridos se prostituem (além de se transformarem em proxenetas): o chefe da família protagonista é químico e se prostitui numa empresa que produz armas mortíferas, proibidas pelas convenções internacionais. Outro vende terrenos que não correspondem às ofertas etc.

A crítica de Albee é provocadora e violenta; alcança momentos de sarcasmo contundente e de um terrível humor negro. Em essência, porém, a peça retrocede ao realismo tradicional de que o próprio Albee já dera um exemplo em *A Morte de Bessie Smith* e que corresponde à tradição fundamental do teatro norte-americano. Pode-se falar, no caso, de certo retrocesso já que Albee, com peças como *A História do Zoológico* e *Sonho Americano*, invadira o campo de um teatro de vanguarda de qualidade superior. *Tudo no Jardim* alcança, tampouco, a qualidade de uma peça mais realista como *Quem Tem Medo de Virginia Woolf?*

Sendo, evidentemente, uma obra menor dentro da dramaturgia desse autor excepcional, *Tudo no Jardim*, ainda assim, é uma peça notável, cuja apresentação merece todo o apoio.

---

4. Conceito difundido pela obra, *A Sociedade Afluente* (1958), de John Kenneth Galbraith.

"Ubu Rei", de Jarry[5]

Otto Maria Carpeaux chama, na introdução do livro, a data da estreia de *Ubu Rei*, de Alfred Jarry[6], com razão, de histórica. Ao lado do último Strindberg, Jarry (1873-1907) decerto é o precursor mais importante da vanguarda teatral. É, com efeito, o vanguardista das vanguardas. Antecipou muitos traços do dadaísmo e do surrealismo, inspirou Antonin Artaud e influiu decisivamente em Ionesco e nos outros expoentes do Teatro do Absurdo. Segundo Carpeaux, *Ubu Rei* é um verdadeiro *happening* antecipado. O monstruoso protagonista da farsa – usurpador sangrento de um trono, paródia arlequinesca de Macbeth – surge como representante precoce dos lados mais negros do pequeno-burguês, do seu conformismo e sadomasoquismo, que o tornam vítima, incitador e agente de todas as tiranias modernas. Ubu ilustra, como se disse com exatidão, a passagem dialética da existência filisteia à terrorista. Daí Carpeaux ver nele "um símbolo social e uma profecia política. Ubu é o arquétipo dos ditadores cruéis e estúpidos do século xx".

Logo a primeira palavra da peça provocou tremendo escândalo por ocasião da estreia: é o primeiro palavrão do teatro moderno. Como tal exerceu uma das funções primordiais da vanguarda agressiva e contestadora: a de chocar. Graças ao "r", a palavra *merdre* é "estranhada" e ganha em virulência aquilo que perde em familiaridade. A sua repetição em montagens verbais variadas através da peça exprime o profundo desprezo por todos os valores consagrados, o niilismo de quem manda tudo para o inferno. Não se deve silenciar o que há de menos positivo nas proposições de Jarry – um irracionalismo anárquico que passou igualmente a fazer parte de muitas vanguardas atuais.

Tão importantes quanto as inovações "guignolescas" da dramaturgia, o uso do humor negro, a concepção grotesca,

---

5. A propósito da publicação do drama em cinco atos *Ubu Rei*, de Alfred Jarry, tradução de Ferreira Gullar, Rio de Janeiro: Civilização Brasileira, 1972.
6. A estreia foi em 10 dez. 1896, no Théâtre de l'Oeuvre, Paris.

antipsicológica, arquetípica, do protagonista, são as sugestões revolucionárias de ordem cênica que iriam revolucionar o teatro do século xx. Mencione-se a extrema simplificação das diretivas cenográficas enviadas ao diretor Lugné-Poe, radicalmente anti-ilusionistas, isto é, sem a mínima veleidade de criar no palco a ilusão tradicional da realidade corriqueira. Um regimento é representado por um soldado, os locais são indicados por um cartaz explicativo, os cavaleiros saltitam "montando" cavalos de papelão; como no teatro asiático, uma jornada é sugerida por alguns passos, um braço que gira e em cuja mão se enfia a chave de um dedo que representa uma porta. Mais importante ainda é a reintrodução da máscara que caracteriza Ubu como animal repugnante (antecipação dos papagaios de Strindberg, da barata de Kafka e dos rinocerontes de Ionesco); animal, aliás, envolvido nos próprios intestinos, já que o cosmofágico anti-herói vive principalmente movido pelos "instintestinos".

A tradução de Ferreira Gullar mobilizou muita inventividade para dar conta de um texto de audaciosas acrobacias verbais. É uma versão que toma liberdades para ser exata e que exigiu requintes para reproduzir a espantosa vulgaridade do original. Quem se interessa por teatro e arte moderna saberá apreciar esta edição de *Ubu Rei,* a mais famosa das peças de Jarry.

"Viver Como Porcos", de John Arden

John Arden, hoje um dos mais considerados autores da "nova" geração de dramaturgos ingleses (ele conta cerca de trinta anos), é frequentemente comparado a Brecht. Com efeito, *Live like Pigs*, com seu tom um tanto baladesco, lembra remotamente em particular o jovem Brecht. Distingue-se, no entanto, profundamente dele por não se reconhecer, na sua obra, qualquer tomada de posição, nem qualquer atitude didática.

Em *Viver Como Porcos*, Arden apresenta de uma forma realista a tentativa (aliás, fracassada) do "Estado Assistencial" (do *Welfare State*) de "desfavelar" uma família nômade e desorganizada, composta por ladrões, mendigos, analfabetos e prostitutas, e de torná-la sedentária e integrá-la num bairro pequeno-burguês. Essa moldura permite ao autor opor dois códigos morais (o dos pequeno-burgueses e aquele dos "nômades" e vagabundos), duas concepções de vida e, no fundo, duas culturas, já que hoje se reconhece que há uma "cultura dos pobres" bem específica, que mostra em escala internacional traços semelhantes (também nas atitudes psicológicas). O choque entre essas duas "culturas" diferentes, num bairro de uma cidade inglesa, constitui a substância dramática da peça.

A obra me parece um tanto amorfa e difusa e está longe de ser uma grande peça. Falta-lhe, sobretudo, concentração. Há, no entanto, personagens bem traçados (alguns lembram personagens de Joe Orton e Harold Pinter). O tema, enquanto tal, é de grande interesse, surpreendendo a insistência dos dramaturgos ingleses em mostrar tipos de famílias desorganizadas e aspectos sociais da miséria, atraso e anacronismo que se teria acreditado erradicados da sociedade inglesa.

É difícil apreciar o valor da tradução sem conhecer o original. A transcrição, aliás péssima, em alguns momentos dificulta a leitura. Tenho a impressão de que a tradução deve ser revista, visto que há trechos quase incompreensíveis. A tradução nem sempre parece ter apreendido o sentido das orações. Igualmente, alguns dos versos deveriam ser refeitos com mais cuidado.

7. MILITÂNCIA CRÍTICA

"Fora da Barra", de Sutton Vane[1]

Antes de tudo, convém registrar que a iniciativa do Teatro Experimental do Centro de Estudos Chaim Weizmann foi coroada de pleno êxito. O Centro de Estudos, do Departamento Juvenil do Keren Hayessod, vem realizando o seu trabalho – conferências, debates, excursões, reuniões sociais, apresentação de filmes – há bastante tempo, com um resultado que, se é lisonjeiro no que se refere ao nível intelectual das realizações principais, é modesto no que diz respeito à repercussão entre a juventude judaica de São Paulo. Por vezes, parece que o grupo trabalha em pleno deserto, num verdadeiro vácuo espiritual. Deve haver em

---

1. Sobre espetáculo do Teatro Experimental do Centro de Estudos Chaim Weizmann. CI, 31 dez. 1953.

São Paulo cerca de 2 mil jovens judeus entre 16 e 25 anos, a maioria de um nível de educação apreciável; pois saibam que, quando se consegue atrair 1% desses jovens para uma realização cultural, é quase um milagre!

Milagre dos milagres que o Centro não se deixa desencorajar, continuando tenazmente no seu afã. Ainda agora, lançou-se à ousada tarefa de fazer teatro, com um grupo de cerca de dez jovens que, sob a direção de Ernesto Moritz, vinham trabalhando arduamente, há cerca de três meses, para ensaiar a peça *Fora da Barra*, de Sutton Vane. A 20 de dezembro de 1953, a peça foi apresentada no Teatro de Cultura Artística diante de uma sala discretamente lotada.

O crítico, quando vai assistir a uma representação de amadores (a maioria, por cima, principiantes), mune-se de um escafandro de magnanimidade e complacência. Credita-lhes, de antemão, a inexperiência, o nervosismo, a falta de escola dramática. Pois bem: logo depois das primeiras cenas, o crítico, acocorado no fundo de um mar de sentimentos ambíguos, reconheceu a desnecessidade do mergulho generoso. Veio à tona, tirou o escafandro e assumiu a atitude natural de ferocidade que distingue o crítico diante de um *ensemble* de profissionais de longo traquejo. Não podemos proferir maior elogio do que este: criticamos a representação sem dó nem piedade!

Antes de tudo, a peça: sete personagens fazem uma viagem num navio que singra em direção de um porto que é, ao mesmo tempo, céu e inferno. Seu único tripulante é um garção – um morto. E os passageiros descobrem aos poucos que são mortos também. É um navio-fantasma, uma espécie de holandês-voador povoado de almas espectrais. No porto de desembarque surge o "examinador" que profere o juízo final. Um casal de suicidas, no entanto, graças ao seu amor e ao seu cãozinho, volta do mundo dos mortos, espécie de Orfeu e Eurídice redivivos, invadindo de novo o mundo dos vivos.

Não entraremos no simbolismo da peça, que se serve da ficção do navio-fantasma para caracterizar uma série de personagens e julgá-las segundo os critérios de uma justiça celeste. Consideramo-la apenas passável e, se a escolha recaiu sobre ela, foi devido a circunstâncias alheias à vontade do grupo. Uma das qualidades positivas da atmosfera da peça é o fato de ela possuir atmosfera – estranha, opressiva, fantasmal. E julgamos maior mérito o do diretor, que conseguiu reproduzir essa atmosfera inefável – uma das coisas mais difíceis em teatro – graças ao hábil aproveitamento do elemento humano, do cenário, aliás muito bem elaborado por Werner Chaskel e Arnaldo Zolko, e devido aos efeitos sonoros, à iluminação e ao ritmo injetado ao todo.

Se falamos de ritmo, não queremos dizer que a apresentação não se ressentisse, neste terreno difícil, de certas falhas. Houve hesitações, certa monotonia e uma movimentação por vezes arrastada e lerda, coisa inevitável num *ensemble* de amadores que se apresentam pela primeira vez, devido a certa insegurança ocasional na sequência dos diálogos e na movimentação das personagens no espaço do palco.

Entre os atores, merecem destaque especial Magdalena Suessmann e Wolfgang S. Siebner, a primeira uma senhora com ares de grã-fina fútil, o segundo um reverendo – ambos inteiramente à vontade nos seus papéis, movendo-se como velhos profissionais, sem deixarem nada a desejar no tocante à espontaneidade do desempenho. Uma pequena ressalva teremos de fazer à dicção de Magdalena, que precisa ainda exercitar a articulação das palavras, enquanto Wolfgang, graças à sua experiência de *speaker* (locutor) de rádio, distinguiu-se pela pronúncia mais nítida do *ensemble*.

Gert Meyer, no papel do garção, apresentou um tipo marcante e convenceu integralmente. Márcia Maria Kraivitz, se de início nos pareceu hesitante, agigantou-se na cena final, quando pede para poder permanecer junto do filho, cabendo-lhe então talvez o melhor momento da peça. Seu "filho", Joaquim Rosner, tem excelente apresentação física e desincumbiu-se do seu papel de borracho à satisfação. Helmut Kaufmann, um ricaço, soube apresentar um desempenho equilibrado, fraquejando apenas um pouco nas cenas mais dramáticas.

Os papéis difíceis couberam ao casal de apaixonados, Elena Camerini e Ernesto Moritz. Elena tem charme pessoal e convence como apaixonada, e admiramos a sua interpretação num papel tão complexo, embora necessite ainda de exercícios de dicção. A sua presença no palco é deliciosa. Ernesto Moritz, o diretor, é incomparavelmente superior a Ernesto Moritz, o ator.

O que prejudicou, ao nosso ver, a performance do casal foi o fato de o diretor não ter dominado, no caso, o problema "estilístico". Enquanto os mortos se movimentam com toda a naturalidade, os apaixonados, os únicos vivos da peça, mantêm-se em atitudes intermediárias entre o realismo e a estilização. Tivesse o diretor escolhido com decisão o recurso da pantomima estilizada e, talvez, teria criado um contraste interessante. O meio-termo, no caso, não nos parece feliz, provocando certa desarmonia entre o desempenho do grupo morto e os dois vivos. Acrescente-se que esse par, provido de pouco diálogo pelo autor, teria quase todo o seu desempenho na pantomima – coisa das mais difíceis, que requer longa escola de gesticulação. Daí ter faltado ao casal, por vezes, a coordenação dos movimentos, a composição estética das atitudes e a integração, quer pelo contraste vigoroso, quer pela harmonia, no grupo total do *ensemble*.

Não nos teríamos abalançado a tal análise do desempenho se o grupo não nos parecesse ter estatura para merecer um exame sério (sem que tenhamos as veleidades do juiz supremo da peça). Mas o fato é que o grupo já invadiu a esfera da arte e é, portanto, com critérios artísticos que deve ser apreciado. O grupo já está "fora da barra". Está em alto mar. Esperamos que bons ventos levem esses jovens vivos, entre tanta juventude morta, a prosseguir em sua viagem venturosa!

A "Phèdre", de Racine, na Tradução de Jenny Klabin-Segall[2]

Ante um público seleto, um grupo de atores leu, a 23 de maio de 1955, no auditório do Museu de Arte de São Paulo, a *Phèdre*, de Racine, na tradução de Jenny Klabin-Segall.

A iniciativa, ao que parece, se deve a Ruggiero Jacobbi e Coelho Netto – que falou palavras na introdução – e merece a calorosa gratidão do público paulistano. Para este comentarista em particular, a leitura da peça foi uma experiência de importância, se se permitir uma confissão pessoal. Educado num ambiente literário alemão em que se lia *tragédie classique* francesa apenas para nela apontar as regras sobre as quais se concentrava a crítica de Lessing, dificilmente se poderia desvendar-lhe a grandeza de Racine, apenas de longe entrevista e pressentida. Foi, por isso, uma aventura estética de primeira ordem assistir à leitura da *Phèdre*, à revelação, "num filme em câmera lenta, altamente ampliado", do trabalho corrosivo de paixões de uma tremenda irracionalidade, expressas, no entanto, em alexandrinos de uma burilada *bienséance* (conveniência), com uma exatidão sutil e pura que mantém secreta comunhão com o céu sobrenatural de leis inexoráveis, contra o qual se projeta o acontecer trágico em que os seres humanos estão envolvidos.

Para se ter um juízo sobre a tradução de Jenny Klabin-Segall, evidentemente é necessário lê-la e compará-la com o original. Verter essa linguagem depurada, enxuta, mil vezes peneirada e decantada para um outro idioma, é de qualquer modo um empreendimento que requer um labor e uma *delicatesse* quase inconcebíveis. O efeito que a leitura dos atores produziu em nós – se a isso se pode chamar de critério – certamente é um sinal de que a tradutora foi feliz na sua versão; como também souberam corresponder à sua difícil tarefa os atores que prestaram justa homenagem à sra. Jenny Klabin-Segall.

2. CI, 31 maio 1955.

O *Diário de Anne Frank*[3]

O teatro tradicional, anterior ao século XX, se jamais tivesse feito a tentativa de dramatizar o diário real de uma menina aniquilada, realmente, alguns anos antes em circunstâncias terríveis, teria lutado, principalmente, com o problema da transposição total da narrativa em termos de cena e de diálogo dramático. A Anne real teria de ser esquecida ante a nova Anne do palco e o mundo ideal da cena iria sobrepor-se completamente ao mundo empírico em que se verificou a trágica história da filha de Otto Frank – pai que ainda vive e que tem de pagar, por ordem dos tribunais, dezenas de milhares de dólares de direitos autorais a tal ou qual escritor que fez a primeira adaptação do diário para o palco.

Goodrich e Hackett[4], seguindo as tendências modernas do teatro épico, preferiram escrever um "drama documentário", em que os dois mundos, o do palco e o da realidade, coexistem, interpenetrando-se: o diário do qual, entre as cenas, são lidos trechos selecionados, a título de transição entre a ação dramática, lembra-nos constantemente o fato de que Anne viveu realmente e não é apenas uma figura poética – por mais poética que seja. Por trás da personagem de Anne Frank, criada pela atriz Dália Palma, surge constantemente a Anne Frank desta nossa realidade em que vivemos, rimos, choramos e morremos. E é bom que seja assim. Se a peça, por isso, talvez tenha perdido em unidade estética, ganha, em compensação, muito em valor de apelo e participação atenuante. Ela se dirige a nós, público, não como a um público, mas como a testemunhas. E ela exige de nós, mais do que uma atitude estética, uma atitude moral. O efeito da peça não é, em decorrência, a da catarse, da purificação emocional, da descarga afetiva. Levamos o

---

3. Ibidem, 15 abr. 1958.
4. Albert Maurice Hackett (1900-1995), dramaturgo e roteirista norte-americano; Frances Goodrich (1890-1984), escritor e roteirista norte-americano.

peso conosco, para a rua, para o *Buick*[5] e para a confeitaria. E é bom que seja assim. Por isso, talvez, alguns dos nossos estimados conhecidos, de nervos extremamente delicados, resolveram não assistir à peça. Nota-se a presença de relativamente poucos judeus no Teatro Maria Della Costa. Para dizê-lo de forma mais exata: nunca notamos tanto uma ausência. Foi com um duplo peso que saímos do teatro: o da presença de Anne Frank e o da ausência dos judeus.

A crítica da imprensa diária já se ocupou extensamente da apresentação do Pequeno Teatro de Comédia, de modo que não é necessário repetirmos, em todos os pontos, os seus comentários. Salienta-se, antes de tudo, o magnífico trabalho de *ensemble* da Companhia – trabalho em que, a bem dizer, não se verifica nenhum desnível mais acentuado. Isso sem desmerecer o desempenho excepcional de Dália Palma, como Anne, que ressaltou em particular os aspectos infantis da menina espevitada, sem negligenciar as facetas de uma maturidade precoce; nem tampouco a representação comovente de Esther Mindlin Guimarães e Felipe Carone, como os pais de Anne, e a notável atração de Diná Lisboa, como a Sra. Van Daan. Mas o que sobressai é a esplêndida coordenação do conjunto, distribuído pela cena simultânea, pelos cantos, vãos, quartinhos, pelas partes laterais e superiores do palco, atuando e agitando-se em perfeita simultaneidade, onde quer que se encontre, no momento, o diálogo e se focalize a atenção. Conjunto cuja multiplicidade se condensa vigorosamente nas grandes cenas de exaltação coletiva, particularmente na belíssima cena da celebração de *Hanuká* com o canto tradicional em hebraico do *Moau-Tsur*, devendo mencionar-se também a cena do entusiasmo festivo quando da invasão do continente europeu pelos aliados.

Pelo exposto se verifica que o êxito do Pequeno Teatro de Comédia se deve em boa parte à direção de Antunes

---

5. O *Buick* era um dos automóveis mais populares da época.

Filho, que extraiu o máximo rendimento do *ensemble* e conseguiu imprimir um ritmo intenso à sequência cênica e à movimentação das figuras. Deve-se ainda ressaltar o cenário de Tulio Costa, fiel aos dados reais e muito bem adaptado às exigências e da distribuição das personagens.

Denis F. Bernard: "Cada Um de Nós"[6]

É altamente meritória esta apresentação de Cada Um de Nós no Teatro Bela Vista, graças à iniciativa de Nídia Licia. Num dos numerosos debates públicos sobre a peça, Sábato Magaldi disse que a vida teatral de um país não é animada somente por obras geniais[7], mas também por peças que, embora menos valiosas como obras de arte, focalizam problemas importantes, de grande relevância humana. É isto sem dúvida o caso deste drama de Denis F. Bernard.

Embora de um modo um pouco artificial, a peça propõe o seguinte problema: num *kibutz* descobre-se que um dos membros não é judeu e sim alemão, filho de um criminoso de guerra. Levado a Israel na idade de cinco anos (o pai criminoso o colocara no campo de Auschwitz, no momento da derrocada alemã), o jovem é, em todos os sentidos, judeu e israeli leal, nem quer ser outra coisa, mesmo depois de se revelar a sua origem (até então ignorada por ele). Mas a repentina revelação provoca terrível choque no *kibutz*. O autor estuda com habilidade o comportamento de vários membros do *kibutz*. No 1º ato, as reações são imediatas, puramente emocionais – penetramos na alma dos mais velhos, ainda vítimas diretas de Hitler, que no primeiro momento querem matar o "estranho", ao passo que as reações dos mais jovens, dos *sabras* em particular, é mais

---

6. CI, 6 set.1965.
7. Isto, segundo os nossos pioneiros às avessas, os conquistadores e bandeirantes bianuais da Europa, somente na Europa ocorre, onde também todas as representações são geniais.

moderada, embora de oposição à futura permanência do jovem inocente – Arão – entre eles.

Ao iniciar-se o 2º ato, passou mais de uma hora desde a descoberta. O comportamento não se situa mais no nível puramente emocional. As reações já são raciocinadas e ao plano psicológico associa-se o plano moral. No caso do velho "tio", de início um dos mais veementes "perseguidores" de Arão, há quase uma reviravolta moral. Mas Isi, embora já não pretenda ser o carrasco do companheiro, é incapaz de esquecer e perdoar que ficou aleijado, como vítima da Gestapo. Ruth, a noiva do jovem Arão, não quer sacrificar-se e viver com quem se tornaria mãe dos netos de um criminoso de guerra. Os *sabras*, por sua vez, mostram certa solidariedade hesitante para com o desesperado "alemão". Quanto às autoridades israelis, comunicam que Arão terá o direito de escolher se desejará partir ou permanecer no *kibutz* (única solução racional); a situação parece poder ser refeita. De fato, porém, tudo mudou. O fim dramático mostra que a inocência da situação anterior não pode ser recuperada. A desconfiança se manifesta em reações irracionais. Arão perdeu a sua identidade e com isso sua posição natural no *kibutz*. As reações iniciais e a atitude da noiva – embora perfeitamente entendíveis no plano psicológico – desde logo revelam a terrível herança da história recente, a carga de preconceitos raciais e biológicos (desta vez das antigas vítimas, agora transformadas em carrascos) –, preconceitos que tornam quase impossível uma atitude pura, de plena solidariedade para com a vítima inocente (desta vez um jovem da "raça ariana", mas ainda assim integralmente judeu). O ódio aos nazistas destrói a integridade do próprio Arão, torturado pela ideia de ser filho de um deles.

Esta interpretação da peça é do comentarista, que reconhece ser possível interpretá-la de outra maneira. O autor não é explícito, não apresenta soluções e conclusões, apenas sugere uma situação dramática com suas implicações, confiando nas inferências do público. Os leitores deste comentário, depois de assistirem à peça, talvez cheguem a conclusões bem diversas. A peça, de qualquer modo, se afigura como uma tentativa séria de mostrar o absurdo do preconceito, venha ele de onde vier; tentativa séria embora a realização dramatúrgica nem sempre esteja à altura dos problemas expostos.

Abstemo-nos de analisar a concretização cênica do drama. O propósito desta crônica foi comentar, de leve, um problema e não o de fazer a crítica teatral de um espetáculo; espetáculo que vale a pena ver por causa das reflexões que suscita.

Morte e Vida Severina[8]

Embora a encenação de *Morte e Vida Severina* pelo Tuca já tenha sido motivo de muitos debates e apreciações críticas, a distância temporal permite aventar algumas considerações que talvez acrescentem alguns pormenores aos comentários já feitos. João Cabral de Melo Neto narra no seu poema o duro destino, as "vidas secas" dos retirantes do Nordeste brasileiro. Apesar dos múltiplos elementos regionalistas, a obra visa ao universal – fato indicado pelo próprio subtítulo "Auto de Natal", que insere o tema da miséria e das secas numa visão mítica de esperança e renascimento. A dança macabra da morte, que atravessa a narração, termina em sombria promessa de vida. O subtítulo sugere a possibilidade da representação teatral, evocando a tradição de Gil Vicente e do auto medieval. Todavia, apesar da dialogação e de um ou outro elemento "dramático", o poema não revela de imediato as suas possibilidades cênicas.

A realização admirável do Tuca, sob a direção artística geral de Roberto Freire, é ter conseguido mobilizar este grande texto para o palco, desprendendo suas virtualidades cênicas e dando-lhe intensa comunicabilidade para um público amplo. Fatores essenciais neste surpreendente êxito

---

8. Suplemento Literário, *O Estado de São Paulo*, 12 fev. 1966.

foram a bela música de Francisco Buarque de Hollanda e a cenografia estilizada de José Armando Ferrara, integradas num todo plástico-sonoro de irresistível eficácia pelo encenador Silnei Siqueira, os dois últimos antigos alunos da Escola de Arte Dramática de São Paulo. Mas uma das grandes tarefas da encenação deve ter sido aproveitar, neste conjunto de estudantes sem nenhuma prática teatral anterior, as aptidões naturais sem sobrecarregar as possibilidades de cada um, distribuindo habilmente as funções e fazendo prevalecer o trabalho coletivo que apaga a inexperiência e as falhas individuais.

Como convém ao texto que visa ao universal (embora assimilando o particular), a representação ultrapassa o realismo mediante uma estilização levada às vezes quase à abstração. A isso corresponde o chão ondulante que mal apresenta uma sugestão realista e se destina, antes, a dinamizar o espaço cênico, permitindo variações de movimentos e riqueza plástica maior que a cena plana. Igualmente própria é a indumentária branca, estilizada, que, associada ao ritual da pantomima, funde o individual no coletivo, acentuando a tendência coral do espetáculo que no texto se exprime pelo uso adjetivo da palavra "severino": morte e vida severina de que a estória deste Severino particular é apenas um exemplo. Tanto assim que o protagonista pouco se destaca do mural córico do mundo severino, apesar de tudo ser focalizado a partir dele. Não adquire perspectiva psicológico-dramática, já que não se separa do fundo coletivo a que permanece ligado como se fosse saliência de uma escultura em relevo. A iluminação, em geral clara e dura, reforça o aspecto uniforme. Certos tons róseos, certos matizes suaves, já parecem em alguns momentos animar e amolecer em demasia a rispidez nodosa do texto.

A uma análise atenta, a encenação e seu efeito impressionante se afiguram como o resultado de uma reflexão prolongada que cogitou de todos os detalhes em função de uma concepção geral: obter um todo audiovisual harmônico e belo sem borrar em demasia as dissonâncias do texto, os seus elementos de humor negro, o sarcasmo mordaz e certo teor de paródia que marcam o poema; fato, aliás, destacado pelo próprio autor quando na cena das Excelências a um defunto indica que dois homens se põem "a parodiar as respostas". Parece até ter havido, mesmo depois da estreia, uma pesquisa constante para acrescentar a alguns quadros – por exemplo, ao do Canto das Excelências ou ao do Diálogo dos Coveiros – maior virulência e tensão, quer pelo atrito de vários elementos cênicos, quer pela direção agressiva ao público que corresponde ao teor narrativo do poema. O humor negro da cena da mulher na janela que "vive de a morte ajudar" e celebra o "lucro imediato" é magistralmente realçado pela melodia assobiada, cuja leveza e alegria se chocam drasticamente com o sentido amargo das palavras e com o contexto sinistro do quadro. O mesmo nível de adequação ao texto foi atingido na cena do enterro do trabalhador, cuja cova "é a parte que te cabe deste latifúndio"; o texto extraordinário deste quadro não foi dito em tom de lamentação, mas num crescendo de veemência, como se os amigos repreendessem e atacassem o morto, pois agora, só agora

> trabalharás só para ti, não a meias,
> como antes em terra alheia.
> Trabalhando nesta terra
> tu sozinho tudo empreitas:
> serás semente, adubo, colheita.

Na áspera ternura e tristeza, no sarcasmo amargo que brota da solidariedade desesperada, ressaltados pela moldura geral, a cena é um dos momentos máximos do espetáculo.

Não se deve negar que a dureza seixosa e o seco despojamento, bem como os múltiplos níveis de ironia e paródia deste texto excepcional, se dissolvem um pouco na beleza festiva da encenação. Poder-se-ia alegar que a formosura plástico-musical tende a harmonizar em demasia as dissonâncias da concepção poética, introduzindo desde o início certo otimismo que no poema só se revela ao fim e, mesmo aí, de um modo muito contido. O estilo adotado talvez humanize em demasia a narração granulosa de Severino, com o possível resultado de uma compaixão inconsequente e irrelevante, já que levaria à identificação "filantrópica" do público com este Severino, quando se trata evidentemente de todos os severinos e de toda uma situação severina. Talvez a cena dos coveiros tenha sido levada com certo excesso para o lado cômico-circense. É possível que não se tenha tomado em conta, suficientemente, o tétrico da situação, o seu lado grotesco. No entanto, vale salientar as tentativas interessantes, dir-se-iam quase cinematográficas, de acrescentar uma dimensão sinistra ao diálogo dos coveiros pela "fusão" com a figura de Severino que, conquanto afastado no espaço (real), se interpõe cenicamente (ficticiamente) entre os dois e cujo desespero se mistura deste modo à conversa hilariante e fúnebre dos funcionários do cemitério.

O poema de João Cabral de Melo Neto é um auto de Natal. Semelhante evocação, com o nascimento da Criança, o anúncio da grande nova, a adoração dos pastores e a oferta de presentes, assim como a introdução de mestre carpina José de Nazaré da Mata, é uma afirmação de fé, quaisquer que sejam os termos em que se manifestem. Mas não se pode ignorar os elementos de paródia inerentes, quando um poeta requintado se debruça sobre semelhante tema; paródia no sentido autêntico do termo – um canto que repete e varia saudosamente o canto primevo, o canto original, numa forma que evoca e conjura o motivo enquanto, ao mesmo tempo, se distancia dele pela modernidade da expressão (o menino tem "a marca do homem", "marca de humana oficina", a "máquina do homem já bate nele", a maré fez "parar o seu motor" etc.). Não podendo repetir o mito com a mesma singeleza e fé primitiva, o autor chega através do requinte a uma segunda simplicidade e, através da dúvida e da indignação, a uma segunda fé (o menino "infecciona" a miséria com vida nova e sadia; "contagia" com o novo o velho e "corrompe" com sangue novo a anemia: não poderia haver maneira mais maliciosa e sarcástica para exprimir o potencial de "perigo" que se anuncia em cada novo Severino).

O auto é, de fato, terrivelmente irônico. A ironia, disse Kierkegaard, quando sabe autolimitar-se é o início da devoção, visto destruir os valores falsos para possibilitar a afirmação dos valores autênticos. Temos neste auto, com efeito, a forma da ironia que se sabe limitar no momento em que se trata de afirmar a fé no valor da vida, por maior que seja a reserva irônica com que esta mesma fé é formulada, quando o autor fala da explosão de uma vida severina, sugerindo os problemas da "explosão demográfica".

É muito difícil transpor para o palco – dentro do estilo escolhido – todo esse jogo sutil de paródia e ironia. Em parte, isso sem dúvida foi conseguido. Talvez se pudesse ter obtido resultado ainda maior nesta dimensão (provavelmente com sacrifício de outras), aproveitando em maior grau o cunho narrativo do poema. Não é preciso pensar em Brecht. O próprio auto medieval tem essa tradição narrativa. Graças a este "cunho épico", não são somente as personagens que falam (falta-lhes a autonomia plena que só o drama puro lhes proporciona); é ao mesmo tempo – e sobretudo – o autor-narrador quem se dirige ao público através das personagens ou dos atores transformados em porta-vozes dele. Ora, o narrador tem um horizonte bem mais amplo do que as personagens. Quando um coveiro diz que o rico parte com pompa e glória e bastante "cenografia" para o outro mundo, não é propriamente a personagem quem fala. Da mesma forma, é o horizonte amplo do narrador que se anuncia quando uma dessas personagens simples fala – não com a ironia dela e sim com a do autor – do "mucambo modelar/que tanto celebram os/sociólogos do lugar", numa alusão evidente a Gilberto Freire. Uma marcação mais nítida dos dois horizontes talvez teria permitido ressaltar em grau maior esses aspectos do poema.

Sem dúvida, porém, o encenador optou conscientemente por uma solução não demasiado complexa, de qualquer modo indesejável para um grupo de atores não profissionais. Graças a essa opção, conseguiu-se o máximo de comunicação com o mínimo de perda no que tange à riqueza do poema. Não é preciso acentuar que um texto literário pode ser "preenchido" e concretizado na cena de maneiras várias, particularmente quando é multidimensional como este. Toda concretização e atualização cênica é uma opção que, necessariamente, deverá destacar determinados aspectos em detrimento de outros. A representação, tendo a imensa vantagem da encarnação sensível e da comunicação direta, mútua, entre palco e público, não pode, por outro lado, deixar de definir-se em certo sentido, recortando e escolhendo, dentro das virtualidades imaginárias projetadas pelo texto, uma única atualização cênica. Como tal, esta atualização, embora fictícia, é bem mais determinada e circunscrita (embora não totalmente, como ocorre no caso da realidade) do que o texto, composto de palavras, isto é, de *universalias* abstratas, de modo que acaba sendo, do ponto de vista do palco, nada mais do que uma espécie de sistema de coordenadas capaz de ser preenchido de muitos modos legítimos. Neste sentido, deve-se admitir o cunho de otimismo vigoroso e franco da cena final, que não toma em conta o que há de reticência e reserva no discreto otimismo final do texto. Este trabalha com todos os recursos de *understatement*, ao ponto de acrescentar ao júbilo em face do nascimento do menino parênteses que limitam esse júbilo. Esta limitação, porém, não se exprime no espetáculo, que se encerra com uma apoteose quase de ópera.

O teatro, todavia, tem as suas exigências próprias, principalmente quando se trata da cena final. O teatro é, sobretudo, uma arte viva que convive com seu público; público que na bela sala do Tuca deixou por vezes de sê-lo para tornar-se em participante e coator. O teatro tem o direito e o dever de tomar em consideração situações concretas, de referir-se à realidade atual, de manifestar-se em função da vida presente de um país, de participar das suas vicissitudes e angústias.

O fim vigorosamente otimista da encenação tem o sentido de um "apesar de tudo", dentro da situação atual do Brasil. É uma manifestação de juventude. É uma exortação, um ato de relevância social. É, como o menino do poema, uma explosão de esperança, apesar de tudo. E neste ponto a encenação volta, no fundo, a identificar-se com o poema.

Isso Devia Ser Proibido[9]

Um casal de atores famosos, em plena maturidade artística, envolvido numa crise matrimonial e profissional e debatendo-se com os problemas que decorrem dessa crise dupla: digam o que quiserem desta peça de Bráulio Pedroso e Walmor Chagas – particularmente do segundo ato –, ela representa um tento dentro da dramaturgia brasileira. Acrescente-se-lhe a dimensão da comédia altamente sofisticada. Distingue-a a elegância de um estilo leve e cínico, a manipulação hábil do *small talk*, da conversa fiada, da ondulação chocha da prosa miúda. Salpicada de observações psicológicas agudas, ela é safadamente sabida em matéria sexual e amorosa e tem o ar *blasé* de uma *décadence* um pouco *fin du siècle*. A sátira à telenovela acerta em cheio, o "curso intensivo" de teatro funciona, como funciona o teatro dentro do teatro, o jogo com a ficção e a realidade, o "sim" e o "não" coquete da autorrevelação, a autobiografia sugerida e negada.

O termo "sofisticação" vale ao pé da letra. A autobiografia de dois atores fictícios – jogando com a de Cacilda Becker e Walmor Chagas – baseia-se num sofisma famoso, o do cretense Epimênedes. Este afirmou que todos os cretenses são mentirosos. Sendo de Creta ele mesmo, sem dúvida mente. Os cretenses, portanto, não são mentirosos. Logo, Epimênides disse a verdade. Logo, todos os cretenses, incluindo-se Epimênides, são mentirosos e assim por

9. Suplemento Literário, *O Estado de São Paulo*, 30 set. 1967.

diante. O ator, na peça, declara que todo artista é mentiroso. Sendo ele próprio artista, mente ao afirmar isso e, portanto, disse a verdade, e daí por diante. "Se você levar a sério tudo que escrevi nesta peça, estamos perdidos". Porém, nem isto se pode levar a sério, de modo que se deve levar tudo a sério. A peça é sofisticada ao ponto de brincar até com o *kitsch* de certos momentos do segundo ato, comentados e parafraseados na própria peça. É tão malandra na sua ambiguidade e no seu tom equívoco que sempre podemos fazer duas ou três leituras (ou apreciações): sem aspas e com aspas, às vezes até com as aspas postas entre aspas, já que de atores nunca se pode dizer, exatamente, se no momento estão vivendo o drama ou representando-o, ou representando que o estão representando. O tom é tão aspeado que, quando "Ela" usa expressões que não se podem reproduzir em jornais – o melhor lugar para usá-las é, hoje em dia, o palco –, tem-se a impressão de que Ela apenas cita as palavras. Quem as cita, aliás, talvez não seja a atriz-personagem, e sim a própria atriz-atriz Cacilda, que assimilou certo comportamento de certa personagem de Albee. Boa parte é citação, mas nem sempre se sabe quando o é. Os disfarces da ironia estabelecem um jogo de reverberações incessantes. Daí decorre certo hermetismo (típico da ironia) que funciona somente num círculo de "iniciados". Uma peça assim pressupõe o conluio de um público especial, que possa participar do jogo e que, mesmo quando é agredido e insultado pela crítica dos atores, sente-se lisonjeado por ser familiarmente posto a par da tolice humana, que é sempre dos outros e nunca a própria, muito menos dos "iniciados".

Por mais que a peça se afigure como *divertissement*, ela adquire, talvez a despeito de si mesma, um peso bem maior do que de início se supuria. O sério, nesta peça, é precisamente o fato de que ela não parece levar nada a sério. A própria peça sabe disso e revela nas entrelinhas a sua preocupação com esse estado de coisas. Talvez resida neste ponto a analogia mais profunda com Tchekhov. O casal de atores fictício vive justamente dois papéis centrais da peça

Ivanov (infelizmente, sem êxito comercial por falta de um público tão inteligente como o de *Isso Devia Ser Proibido*). O conflito matrimonial de Ivanov e Ana Petróvna – sobretudo o tédio e enfado do casal de atores-personagens, cujos problemas, por sua vez, de algum modo se assemelhariam àqueles problemas dos atores reais que os representam. Esse paralelismo com a peça de Tchekhov situa-se, porém, na superfície. A verdadeira analogia ocorre num plano mais profundo, embora a versão brasileira varie o tema de um modo mais leve e inconsequente. O tema fundamental é a ausência de valores sobreindividuais pelos quais o casal de atores se sinta "existencialmente" comprometido. Ora, Tchekhov apresenta nas suas "comédias" uma classe decadente, incapaz de vislumbrar qualquer coisa que possa ser levada realmente a sério. Ivanov fala, constantemente, do vazio e do esgotamento que o destroem. Ele não ignora a verdadeira razão disso: ele vive "sem fé, sem amor, sem objetivos". Schabelski diz que tudo é "besteira, besteira e besteira" (a atriz, na nossa peça, usa uma expressão mais forte). Lebedev remata: "Que é que vou fazer com uma concepção do mundo?" O tema, bem se vê, é de ambas as peças, da russa e da brasileira. Também o casal de atores vive sem "fé, sem amor, sem objetivos". Tanto o matrimônio, como a profissão, se ressentem do mesmo enfado que decorre da falta de uma "ideia central" (para usar uma expressão de Tchekhov). A crise, em verdade, é uma só. Mesmo certa sugestão de conflito de gerações – manifesto nas palavras irônicas e amargas contra a nova geração teatral – parafraseia a "corrente submarina" do desespero tchekhoviano: "Com vinte anos", diz Ivanov, "somos todos heróis, agarramos tudo e tudo podemos; mas nos trinta, já estamos esgotados e não prestamos mais para nada".

O desencanto e a falta de objetivos são vivamente marcados nos diálogos sobre os problemas teatrais, o "*show*" político" e "subversivo" como solução para as dificuldades financeiras (a outra alternativa seria aderir à telenovela); sobre o "compromisso artístico" (suficientemente flexível para não levar à ruína financeira); sobre o "teatro objetivo" atacando "o que está maduro" – por exemplo, o militarismo ("Isso é perigoso, mas dá dinheiro") –; sobre o teatro de protesto que é "ópio do povo" porque todo o mundo pensa que alguém – os outros, naturalmente – está agindo; sobre os jovens que, embora péssimos atores, atraem o público por fazerem teatro com mensagem; sobre Brecht (com a recitação de um poema famoso) e o distanciamento através do comentário em cartazes; sobre a atribulada consciência política de quem, tendo se omitido na "*praxis*", espera redimir-se através do teatro *engagé* etc. Tudo isso é sátira excelente. Será realmente sátira? Nesta deve-se, ao menos, vislumbrar algum valor positivo a partir do qual a realidade – apanhada pela peça com uma crueldade quase diabólica – é criticada e superada.

Nestes diálogos, todavia, a ironia não se detém diante de nada, a destruição dos valores parece total. No tom leve de comédia elegante são ditas coisas terríveis (e injustas, como todas as generalizações deste tipo): "Vivemos num país carente de sentido trágico... E a nossa arte é o resultado disso. Uma arte pequena, mesquinha, subdesenvolvida". O texto, por si só, não revela todas as nuanças engraçadas de uma fala como esta: "Eu sou um homem que tem inquietações políticas, a sorte do povo me preocupa e minha mulher reduz tudo a probleminha cotidiano. Desisto... Eu vou sair". E muito menos exprime o cinismo quase tocante que somente a inflexão inimitável da voz de Cacilda traduz: "Espere. Volte. Eu compreendo o que você quer... meu bem, meu bem... eu também estou com o povo". Coitado do povo!

Neste ponto, nota-se que os atores reais (e os autores) de modo algum se identificam com os atores fictícios, mas que se "distanciam" deles para lhes dirigir a mais contundente das críticas – não se sabe, exatamente, de que posição, mas de qualquer modo de uma posição de honestidade, quase invisível como o fio de uma navalha – e que, a despeito de tudo, conseguem equilibrar-se, embora bem precariamente. A "esquerda festiva" é saborosamente ridicularizada. Mas aqueles que a ridicularizam são sutilmente desmascarados na sua completa falta de "fé, amor e objetivos". Se o casal de artistas reais, que desempenha os papéis do casal de artistas fictícios, se identificasse totalmente com estes – o que, evidentemente, não é o caso –, poder-se-ia falar de uma das mais arrasadoras autocríticas já vistas num palco.

Com lucidez extraordinária, a peça discute a sua própria frivolidade. E embora a discuta de um modo frívolo, transcende-a no momento em que a discute e se transcende assim a si mesma. A atriz pergunta ao marido-ator (que virou autor): "Por que os *slides* do cogumelo atômico e da criança vietnamita? Qual a ligação deles com a nossa cena?" (os *slides* da explosão e da criança morta nos braços do pai aparecem no primeiro ato, depois de uma *song* e de uma paródia do Teatro do Absurdo). O ator-autor responde: "Aí é que está. Nenhuma (ligação). É o contraponto. Com isso, estarei mostrando ao público que, além deste problema de casal que discute, do ciúme, traições, tédio, estamos numa época em que morrem dez mil pessoas por mês numa guerra estúpida e que paira sobre a humanidade a ameaça do extermínio atômico". Ela (irônica): "Isso é profundo". Ele: "E depois serve para mostrar à crítica que eu também sou capaz de fazer teatro épico". Ela: "Você é um safado. Um safado".

O humor negro deste diálogo abeira-se do sinistro, ainda acentuado pelo termo condenatório "safado", que pela sua ambiguidade pode ser lido de várias maneiras. A crítica é impiedosa, talvez ainda reforçada pelo tom leve de comédia que, ao anular de certo modo a seriedade da crítica, envolve o próprio enfoque na condenação. A cena resulta em autoexposição cruel do niilismo. Desencadeia a dialética moral vertiginosa de consciências atribuladas, roídas por complexos de culpa e envolvidas numa dança em torno do vazio; dança de que a melancolia do tango final e as falas ébrias e irônicas que a acompanham são a confirmação triste e desesperançada, por sugerirem o círculo vicioso do qual não há saída.

Ocorre que a atitude niilista criticamente focalizada nesta comédia – a da frouxa e resignada indeterminação por falta absoluta de valores, a da "ironia ilimitada" do esteticismo já analisada por Kierkegaard –, encontra uma curiosa correspondência niilista no polo exatamente oposto do fanatismo.

Em face da ausência de opção, no caso do casal de atores, inspira amplo respeito, pelo menos no início, o terrível *pathos* e a determinação inflexível dos terroristas russos que, em 1879, segundo os estatutos do "Comitê Executivo da Vontade Popular", juraram "devotar todas as forças do espírito e da alma à causa revolucionária, renunciando por ela a todos os laços de família, a todas as simpatias, ao amor e à amizade" e "sacrificar, se necessário, a vida, sem considerarem a própria[vida] e [as de] outras pessoas". Em 1881, "executaram" de fato o czar Alexandre II, depois de terem sacrificado, em outros atentados, a vida de inúmeros membros da organização revolucionária. O absurdo do terrorismo individual – que pressupõe que a história é feita somente por czares, reis, presidentes e ministros –, forçosamente havia de levar a um estreitamento cada vez maior do quadro de ideias democráticas de início visadas pelos revolucionários, até que se verificasse a emancipação do terror puro, já desligado de quaisquer valores e praticado como *l'art pour l'art* por profissionais competentes, que acabaram por seguir a palavra de Bakunin: "O prazer da destruição é também um prazer criativo". Ninguém ignora que, tanto o terrorismo quanto a profunda resignação das peças de Tchekhov, tanto aquele niilismo quanto este, diametralmente oposto, eram o resultado da mesma situação.

O Teatro de Hilda Hilst[10]

Hilda Hilst, poeta das mais sérias e significativas do Brasil, só recentemente começou a se interessar pelo palco, decerto impelida pelo desejo de comunicação mais direta e imediata

---

10. Suplemento Literário, *O Estado de São Paulo*,, 25 jan. 1968.

com um público amplo. Desde então, escreveu sete peças, ainda inéditas e não representadas. O Grupo Rotunda teve o privilégio da primeira encenação de uma peça da poeta.

A dramaturgia de Hilda, segundo me parece, não se enquadra em nenhuma das correntes do teatro brasileiro atual e é de difícil classificação. Certa tendência à abstração, à colocação lapidar dos problemas, aproxima-a do expressionismo, notando-se também inclinações místico--simbolistas, sem que isso impeça a assimilação do espírito cientificista da nossa época. As personagens se constituem mais como arquétipos do que como seres "reais", psicologicamente diferenciados, o que corresponde a tendências de importantes correntes da dramaturgia contemporânea. Em algumas peças, salienta-se a experimentação muito interessante em busca de formas poéticas de diálogo, com versos entremeados de rimas internas, assonâncias e aliterações, enquanto ao mesmo tempo se mantém a leveza coloquial.

Apesar de se tratar, no teatro de Hilda Hilst, à primeira vista, de uma obra um tanto afastada dos problemas atuais, ressalta logo que quase todas as suas peças giram em torno de temas bem nossos: é constante a preocupação angustiada com um mundo em que a autoridade rígida, a engrenagem corrupta e antiquada, a eficiência e técnica esvaziadas de sentido humano, a lei ultrapassada, as estruturas enrijecidas e inadaptadas, tornadas em muralha e cárcere, ameaçam sufocar as energias vivas da juventude, do amor e da individualidade.

O Novo Sistema exprime vivamente essa preocupação. Trata-se de uma "utopia negativa", à maneira de Aldous Huxley (*Admirável Mundo Novo*) ou George Orwell (*1984*). Apresenta um mundo organizado segundo as leis da física, tendo por símbolo um triângulo girando. Os postulados das ciências naturais, adorados através de celebrações rituais como mandamentos religiosos, são aplicados à organização social o que, evidentemente, importa em sistema de rigidez autoritária. Como ocorre com frequência na obra de Hilda Hilst, um jovem – o Menino – torna-se o herói da peça por não admitir que seja reduzido às leis da física, nos moldes de um sistema de racionalidade desumana em que o amor, a compaixão, a fantasia e opção pessoais são considerados subversivos. A peça se propõe como advertência: o "Novo Sistema" é o racional resultado da miséria e das contradições profundas do "Velho Sistema" irracional que não teria oferecido outra saída que a do totalitarismo. Longe de se pronunciar em favor do *status quo*, ao que tudo indica, condena uma sociedade cujas terríveis falhas tendem a provocar soluções igualmente desumanas. Tampouco a peça parece dirigir-se contra a ciência e a técnica enquanto tais, mas contra o uso "alienado" de conquistas que, em vez de serem postas a serviço do homem, passam a dominá-lo e escravizá-lo.

Essa interpretação talvez se afigure como simplificação um tanto esquemática. A peça, embora de teor didático, é suficientemente rica e completa para permitir interpretações divergentes, em vários níveis de profundidade. De qualquer modo, propõe a sua grave advertência com força e lucidez.

Apesar da abstração inicialmente mencionada, aliás necessária aos propósitos visados, a peça se impõe pela poesia literária e cênica, pela imaginação verbal e visual – qualidades que garantem a comunicação intensa da sua mensagem.

O Novo Sistema[11]

Parece-me meritória a apresentação de qualquer das peças de Hilda Hilst. Uma das mais significativas e sérias poetas brasileiras, ela só recentemente passou a se interessar pelo palco. Desde então, escreveu sete ou oito peças, ainda inéditas e por ora ainda não apresentadas. A Escola de Arte Dramática de São Paulo está encenando uma das suas primeiras obras – *O Rato no Muro* –, ainda de difícil comunicação, mas de grande interesse e beleza. Desde então,

---

11. P+P, n. 2, 1970.

notam-se rápidos progressos no tocante à *praxis* dramatúrgica. Considero, por exemplo, *O Visitante* como uma das mais belas e poéticas obras da dramaturgia brasileira atual.

A obra dramática de Hilda Hilst, segundo me parece, não se enquadra em nenhuma linha atual do teatro brasileiro e é de difícil classificação. Certa tendência à abstração aproxima-a do expressionismo, notando-se também certas inclinações místico-simbolistas. As personagens se constituem mais como arquétipos do que como seres "reais". Em algumas peças, deve ser salientada a experimentação muito interessante no nível do verso entremeado de rimas internas, assonâncias e aliterações, sem que a autora deixe de manter certa leveza coloquial.

Hilda Hilst, poeta já consagrada, só recentemente começou a escrever para o teatro. atualmente, já completou oito peças, das quais uma, *O Verdugo*, deu-lhe o Prêmio Anchieta de 1969. Embora já tenham sido encenadas várias peças suas pela Escola de Arte Dramática e por grupos amadores, tendo obtido êxito também num festival na Colômbia, não houve por ora nenhuma companhia profissional que lhe encenasse uma obra; o que é uma pena, em vista do grande valor literário de sua obra que, com seu teor lírico, místico-religioso, ainda assim perfeitamente atual, acrescenta por assim dizer um novo instrumento à orquestra teatral brasileira.

O espetáculo do Grupo Experimental Mauá (Gema), no Teatro Vereda, sob a direção de Teresinha de Aguiar, que já antes obteve bons resultados ao encenar *O Muro* e *O Visitante*, de Hilda Hilst, é meritório, conquanto não chegue a satisfazer. A atmosfera insólita, sufocante, da sociedade desumana, que deveria provocar extremo horror, não se condensa e não envolve o espectador por falta de recursos humanos e técnicos. Um "teatro pobre" só pode funcionar se conta com atores excepcionais, o que evidentemente não é o caso. Com isso, não se desmerece o bom trabalho individual de Maura Arantes (mãe), Marcos (pai),

Lúcio (menino), Márcia (menina) e de vários dos "escudeiros", isto é, expoentes da autoridade opressiva. Mas como sói ocorrer em elencos ainda sem experiência suficiente, o relacionamento dramático entre as personagens, apesar de talentosos desempenhos particulares, não se estabelece. A cena do namoro entre o menino e a menina, que rompe a estrutura rígida das leis autoritárias (segundo a qual o amor é reduzido à lei de atração e repulsão da física), é bonita, mas está longe de alcançar o pleno sentido de ruptura e voo poéticos "fora da órbita", por ser demasiado tosca na movimentação e na elaboração coreográfica.

Deve-se, ainda assim, apoiar Teresinha de Aguiar e o Grupo Mauá não só, como diria um amigo da onça, pelas excelentes intenções, mas também pela seriedade do trabalho e pelo que conseguiram, com os parcos recursos de que dispõem, para difundir a obra de Hilda Hilst e para "sair da órbita" das leis econômicas que dificultam a expansão de um teatro diferente e fora dos padrões dominantes.

Primeira Feira Paulista de Opinião[12]

O espetáculo compõe-se de seis peças – obras de autores que pertencem aos mais representativos da atual dramaturgia brasileira.

A peça de Lauro César Muniz, *O Líder*, aborda a situação da população costeira do Estado de São Paulo, acentuando o seu atraso cultural. O líder, único elemento alfabetizado, envolve-se por isso mesmo em dificuldades que o caracterizam, apesar da sua inocência, como subversivo. A peça relata, de um modo incisivo e com certa comicidade, um fato verídico.

A obra de Bráulio Pedroso critica, por meio de um estilo grotesco que se aproxima daquele do Teatro do Absurdo, o excessivo realce dado aos valores materiais no

---

12. Espetáculo do ano de 1968.

nosso mundo e a corrupção moral e vital que daí resulta. É uma sátira contundente à realidade contemporânea, inspirada por um moralismo que se manifesta no próprio teor asqueroso da peça (a repugnância provocada pela decomposição moral que se reflete na decomposição física).

Em *Animalia*, Gianfrancesco Guarnieri procura esquematizar, através de algumas personagens típicas e quase abstratas, a atual situação brasileira. Mesmo quem não concordar com o enfoque, terá de reconhecer a brilhante realização dramatúrgica, a excelente caricatura da TV, o verdadeiro achado que é a personagem que representa o mundo dos *hippies* (ao passo que o jovem revolucionário é, dramaticamente, um personagem mais frágil).

A peça de Jorge Andrade, à semelhança daquela de Lauro César Muniz, embora numa chave trágica, apresenta criticamente a situação de atraso e miséria de uma parcela importante da população brasileira, no caso a de uma família de camponeses. O elemento novo e bem atual é o desamparo do jovem médico ao se defrontar com uma situação para a qual os estudos não o prepararam. A peça sugere, deste modo, um dos problemas mais agudos dos nossos dias. Embora um tanto melodramática, peça menor no conjunto da dramaturgia de Jorge Andrade, a obra prende a atenção e comunica intensamente os problemas mencionados.

A obra de Plínio Marcos é mais um *sketch* burlesco dirigido contra a Censura do que propriamente uma peça, o que não chega a ser. Ainda assim, mostra a versatilidade, a capacidade inventiva e a veia cômica desse autor de enorme talento. A pequena farsa serve como contraponto no todo do programa.

A peça de Augusto Boal, sobre a guerrilha e o "herói mítico", é uma colagem de textos não fictícios que documentam a vida e a morte de Guevara, assim como as concepções desse líder revolucionário. A seleção dos textos não se afigura muito boa (há trechos fracos e de pouca substância, pelo menos em termos literários), mas a obra deve ser valorizada como uma espécie de "partitura aberta" que permite uma livre elaboração cênica e, particularmente, a experimentação do importante Sistema Coringa, resultado das pesquisas do dramaturgo, encenador e teórico Boal. Como estrutura teatral baseada na colagem, a peça de Boal talvez seja a mais "moderna" e interessante do programa, apesar de seus defeitos literários.

No seu todo, a "peça" composta por seis peças enriquece o teatro brasileiro pela originalidade da sua proposição geral de "feira de opinião", pelo arrojo com que reúne e funde, num só espetáculo, autores tão diversos, assim como pelas possibilidades que abre à imaginação cênica dos diretores. Isso para não falar dos elementos musicais, em parte excelentes, que acrescentam novas dimensões ao espetáculo (o que demonstra a dificuldade de abordar um texto teatral como este apenas a partir do ponto de vista literário). A unidade do espetáculo, apesar da variedade das tendências e perspectivas, decorre da visão crítica da realidade.

"O Dibuk", no Taib

No Teatro de Arte Israelita-Brasileiro vem sendo apresentada a peça *O Dibuk*, de Sch. An-Ski, numa co-produção Tace-Icib, com a colaboração da Comissão Estadual de Teatro. Acreditamos poder pressupor, nos leitores da *Crônica Israelita*, o conhecimento da extraordinária peça, sem dúvida a mais importante do teatro judaico; peça que, conquanto exalte os aspectos positivos do hassidismo, não deixa de ser, ao mesmo tempo, uma crítica a certos de seus aspectos negativos. Antes de tudo, porém, focaliza o lendário drama amoroso de dois jovens no mundo do gueto, cujas almas, apesar de todos os obstáculos, se unem após a morte, mercê da decisão de "íntegro juiz" – isto é, o juiz supremo –, como diz ao fim o mensageiro, psicagogo hermético e intermediário entre as esferas superiores e inferiores. Expressão que, implicitamente, representa uma crítica ao veredicto do *Tzadik*.

Muitos dos leitores certamente já assistiram à representação da peça em ídiche ou hebraico. Têm agora a possibilidade de apreciá-la na excelente versão portuguesa de Jacó Guinsburg.

Quanto à encenação, que se deve quase por inteiro à dedicação de grupos de amadores, judeus e não judeus, é preciso destacar de início a elevada dignidade com que o elenco se entregou à sua dificílima tarefa. Longe de ser perfeito, o espetáculo, sob a direção de Graça Mello, transmite ainda assim o espírito do mundo hassídico e do gueto, às vezes com força surpreendente. Em alguns momentos, chega quase à plena adequação ao texto e às intenções que lhe são inerentes. São dignas de nota, nesse sentido, algumas sequências do primeiro ato – o jogo dos *batlanim*, certos diálogos entre Henoc e Hanã, o canto e a dança místicos dos *hassidim* –, alguns momentos do segundo ato – principalmente a festa dos pobres – e certas partes do julgamento e da exorcização do *dibuk* do corpo de Léa, no quarto ato.

Todavia, afirmar apenas o valor do espetáculo, no seu conjunto e em alguns detalhes, não faz jus a um grupo que merece ser criticado com a severidade que se reserva aos profissionais. Convém, portanto, focalizar algumas falhas que prejudicam o denodado esforço do *ensemble*. Antes de tudo, teria sido necessário cortar alguns trechos, particularmente nos dois últimos atos, talvez menos de texto do que do jogo pantomímico (por exemplo, a refeição das "despedidas da rainha"), assim como das cenas folclóricas, demasiado prolongadas. Muitas das andanças, saídas e entradas e das marcações um tanto pesadas poderiam ter sido evitadas, com grande proveito para a intensidade dramática, que vai esmorecendo devido ao ritmo um pouco arrastado. Algumas dessas falhas residem na própria peça e deveriam ser corrigidas por uma direção vigorosa e decidida, pelo menos para as nossas plateias, assaz impacientes e precocemente fatigadas (as nossas plateias burguesas nasceram cansadas!).

Outra falha que afeta especialmente o desempenho de Mari Quadros Malta (Léa) e Sylvio Band (Hanã) é certa precipitação: ambos começam desde logo em tom demasiado intenso e exaltado, de modo que dentro de seus recursos atuais poucas possibilidades lhes restam para o desenvolvimento da curva dramática de seus papéis. Em geral, poucos escapam a certa monotonia em seus desempenhos. Faltam maior modulação na emissão da voz, maior variação de posições, maior desenvoltura géstica.

O início que, não se atendo à peça, antecipa o final (depois repetido), apresentando Hanã e Léa "fisicamente" unidos após a sua morte, não nos parece muito feliz, já que tira a força do primeiro encontro na sinagoga, onde os dois que apenas se fitam de longe, sem nenhun contato físico. E nessa mesma cena se perde totalmente o efeito do fervor com que Léa beija o rolo da Torá (exprimindo dessa forma pura a sua paixão por Hanã), devido à marcação errada. Discutível é também a solução de apresentar as almas libertas dos apaixonados em pleno viço carnal na boca do palco, próximas da plateia, quando se esperaria um recurso mais "espiritual" (como geralmente vem sendo feito, usando-se apenas as vozes e um jogo de sombras e véus, bem no plano de fundo). Para obter os efeitos necessários, a direção recorreu amplamente a efeitos de luz, recurso discutível mas que, na interpretação adotada, resultou eficaz, já que deste modo se marcaram claramente os níveis da realidade física e espiritual. A "sincronização" das vozes de Léa e Hanã, nas falas do *dibuk*, foi uma solução nova para nós e não sem efeito feliz.

Entre os atores, deve-se destacar o notável talento de Mari Quadros Malta, que como Léa apresenta um desempenho convincente, mostrando as suas possibilidades também nas difíceis cenas de exorcização. Não muito feliz pareceu-nos a sua gesticulação, por vezes um tanto adocicada e ingênua, um pouco do tipo que moças de boa família aprendem no primeiro ano das aulas de *ballet*. Tal jogo géstico, além de antiquado, não corresponde ao espírito da peça, mais anguloso do que ondulante. Sylvio Band (Hanã) torna-se um pouco monótono pelo excesso, mas compôs ao todo um bom tipo de asceta cabalístico. Como Rabi Azriel, Rafael Golombeck não escapou, igualmente, a certa monotonia; não soube aproveitar as virtualidades da sua magnífica voz. Bons José Serber (Sender) e Maria Quadros Malta (mãe de Mari, ama de Léa na peça), e magnífico José Mandel como Meier, bedel da sinagoga. Muito bom também Moyses Leiner como Henoc. O mensageiro de Boris Cipkus é correto, mas falta-lhe o carisma, a magia desse personagem central.

Os cenários de Marco Antônio Guimarães, embora não consigam criar o ambiente de limitação física e opressão espiritual do gueto, agradam pela pureza e severidade geométricas. Em conjunto com os figurinos – de M.A. Guimarães e Hugheta Sandacz –, apresentam uma composição ascética e soturna em branco, preto e cinza, acentuada e animada por algumas roupas de cor marrom e, na cena da festa, por alguns vestidos de cor viva. As danças, ensaiadas por Aida Slon, representam momentos altos, mas demasiado prolongados, do espetáculo. O fundo sonoro, constituído pelo Coro Scheiffer, do Icib, contribuiu para o efeito positivo da representação. Nenhum leitor da *Crônica Israelita* deveria deixar de assistir a este espetáculo.

A Vinda do Messias[13]

A peça mostra as possibilidades de Timochenko Wehbi, sem que se possa chamar o texto do novo dramaturgo de inteiramente realizado. A maior qualidade da peça é nos apresentar a personagem de Rosa Aparecida dos Santos, costureirinha solitária, de coração e mente simples que, perdida na massa solitária da metrópole, espera o seu "messias", o companheiro e amado capaz de dar sentido à sua vida frustrada. A personagem é uma invenção original justamente por não ser nem invenção, nem original:

13. P+P n. 3, 1970.

passa por nós diariamente na rua. O texto, o imenso monólogo de Rosa – ou os seus diálogos imaginários – têm suficiente força para compor a personagem e dar-lhe vida, assim como para criar um mundo em torno dela. Muitas vezes, porém, falta ao texto maior plenitude literária, mesmo das condições de simplicidade da personagem, maior expressividade verbal, maior trabalho em termos da língua, de modo que a costureirinha não se realiza em toda sua dimensão dramática e humana. E por vezes tem-se a impressão de que Rosa é composta menos de dentro do que de fora, à base de dados de conhecimento e pesquisas: os dados, em si preciosos e mesmo indispensáveis, e como que expostos para o público em vez de se fundirem com a sua existência e serem vividos, totalmente, e emanarem de dentro da visão crítica da indústria cultural, imprensa, rádio, TV a partir de uma consciência "kitschizada", que vive projetando os seus desejos e angústias particulares sobre os produtos esteticamente acondicionados das indústrias culturais, usando-os, manipulando-os e deformando-os (enquanto é por eles usada, manipulada e deformada) em função de problemas pessoais.

Ainda duas observações a respeito da peça: será que o drama de uma só personagem é realmente o mais adequado para exprimir a solidão? Deve-se supor que não. Precisamente a presença de outras personagens ressalta o isolamento e, eventualmente, o fracasso do diálogo, impossível de revelar-se quando não há diálogo. Parece, igualmente, que Timochenko Wehbi levou a personagem em demasia para o terreno da alienação patológica, diminuindo-lhe assim a representatividade e restringindo-a, em certa medida, a um caso particular.

As falhas do texto são em ampla medida compensadas pelo desempenho excepcional de Berta Zemel. Atualmente uma das melhores atrizes dos palcos brasileiros, ela vive o papel em todos os matizes, compondo-lhe a imagem humana nos aspectos dolorosos e ridículos, na pieguice sentimental, na amargura, nos acessos de ciúme, inveja e ira, nos ressentimentos, anseios, angústias, esperanças e arroubos histéricos, na sensualidade e nos tiques virginais de solteirona.

Atriz de natureza sensível, tendente a se entregar a arrebatamentos e emoções, Berta Zemel aprendeu a dominá-los, sem os sufocar, com a disciplina que é o prêmio da maturidade.

É boa a encenação de Emílio de Biase, embora nos momentos finais talvez um pouco excessiva, na tentativa de subjetivar a cena como projeção da mente de Rosa. A essa subjetivação corresponde a lua expressionista, solução realmente feliz. Há, no caso, uma ligeira ruptura estilística em relação à peça e à cenografia basicamente realista de Dilma de Melo, ruptura contudo que não prejudica a boa impressão geral.

Mephisto, o Mágico

Ó fabuloso mundo funambuloso dos poetas, bufões, saltimbancos, cabotinos, charlatães, prestidigitadores, jograis, pelotiqueiros, ilusionistas e magos! As leis naturais escondem a face ruborizada, como Sócrates ao falar mal de Eros! Quem disse que do Nada não sai Nada? Do Nada sai muita coisa. Sai um galo de raça, sai um coelho, sai todo um jardim zoológico. Quem disse que não há efeito sem causa? Causa, coisa nenhuma! Os prestidigitadores estão mancomunados com Heisenberg e a Teoria da Indeterminação. Quem disse que tudo cai para baixo? No mundo poético dos magos não há lei da gravidade, tudo vira Sputnik[14] e o fenômeno fantasmagórico da levitação é coisa corriqueira, como nos contos maravilhosos de Tieck, Brentano e Steiner. Teu nariz se transforma num estojo de tesouros, as materializações e desmaterializações se sucedem em plena

---

14. O Sputnik foi o primeiro satélite artificial da Terra. Foi lançado pela União Soviética em 4 de outubro de 1957 na unidade de teste de foguetes da União Soviética atualmente conhecido como Cosmódromo de Baikonur.

luz da ribalta e sem nenhuma concentração mediúnica, de uma noz desabrocham, multicoloridos, dúzias de lenços de seda que fariam o orgulho de qualquer feira feérica, e até um pobre pedaço de lápis se torna, neste mundo encantado, um ser vivamente disposto a dar pulinhos e a sair da sua costumeira indolência.

Graças a Deus, ainda somos crianças e poetas, mesmo se para tanto necessitamos de uma ajudazinha de Mephisto, o ilusionista israeli. Mephisto – antes um anjo benfazejo – suspendeu, no Salão de Festas da Congregação Israelita Paulista, na rua Antonio Carlos, durante duas horas, todas as leis naturais para ali instalar o Reino da Gratuidade. O espetáculo foi dedicado pelo Círculo Israelita à Congregação Israelita Paulista, tendo assistido numerosos sócios de ambas as agremiações às mágicas do ilusionista. A *Crônica Israelita*, em nome da Congregação, agradece ao Círculo Israelita o amável gesto que, neste mundo de ilusões, era perfeitamente real.

"Macbeth" com Bode e Atabaque[15]

Estreará no Rio, a 8 de julho de 1970, a longamente esperada encenação de *Macbeth*. Lê-se, com ligeiro susto, que será um Shakespeare atualizado, mistura de *western*, suspense policial, terror e humor (espera-se que negro), além de contar com o apoio de um conjunto de violão, tambor, atabaque e flauta. Em todo caso, como a encenação é de Fauzi Arap e nos papéis principais figuram Tonia Carrero e Paulo Autran, artistas cuja seriedade é conhecida, não se pode deixar de aguardar com interesse esse Shakespeare posto em dia.

Pensando bem, por que não se deveria renovar a visão de Shakespeare, pressuposto que se o faça, não diremos com bom gosto (isto, hoje, seria demasiado chocante), mas pelo menos de modo a reinterpretá-lo em termos que nos dizem

---

15. FN, 8-14 jul. 1970. Publicado com o título "Flauta e Bode para *Macbeth*".

de fato respeito. Uma peça tão rica como *Macbeth*, apreciada de modo tão vário através dos tempos, presta-se, sem dúvida, a uma encenação rebelde, adequada a concepções libertas da poeira dos séculos. Afinal, ninguém está interessado num teatro museal, enregelado pelo respeito que se devota ao "bardo britânico". A grande vantagem do teatro é, precisamente, esta, a de ser uma arte viva (isto é, não enlatada), de modo que um texto escrito há milhares de anos em idioma estranho pode ser adaptado às necessidades atuais e locais, de acordo com os padrões e valores do país em que será apresentado. Entretanto, a adaptação deve corresponder, de fato, a essas exigências íntimas da época e da nação respectivas.

Cabe perguntar se outra encenação do mesmo *Macbeth* – aquela que, realizada há alguns meses em Salvador, causou sensação considerável por causa do "holocausto ritual" de um bode – decorreu de uma reflexão séria sobre as realidades baianas e nacionais. A imolação de um bode certamente tem o mérito de chamar a atenção dos esnobes. Lembra até o último romance de Günter Grass (*Anestesia Local*), no qual um estudante rebelde e contestador se convence de que a sua autoimolação, por demasiado corriqueira, sendo ademais de um mero ser humano, nem sequer faria os transeuntes deterem-se. Exímio psicólogo da publicidade, resolve pôr fogo no seu cachorrinho de estimação, certo de que a compaixão e o horror piedoso suscitariam uma reação de intensidade incomparavelmente maior.

Segundo consta, o encenador do *Macbeth* baiano pensava, de início, massacrar quatro carneiros e organizar, em pleno teatro, a revoada de oito urubus. O nome desse diretor é Enrico Paolo Casotti, mas ele insiste em chamar-se Ariman, identificando-se, pois, com o princípio demoníaco da religião de Zoroastro.

É possível que essa encenação, de cunho ritual e alucinógeno, cheia de símbolos cabalísticos e hermetismos numerológicos, tenha sido de valor artístico – quem sabe. Porém, uma vez que se adapta Shakespeare, será este o tipo de adaptação que diz respeito à nossa realidade atual?

Molière, o Burro[16]

Um conhecido dramaturgo afirmou, há pouco, numa de suas crônicas, que o ator não só não costuma ser inteligente, mas também que a inteligência até o prejudica gravemente[17]. É claro que não se interpretará ao pé da letra semelhante *boutade* expelida pelos humores negros do cronista. No entanto, mesmo interpretando-a a várias braças da letra, resta, ainda assim, a sombra de um conceito ou, melhor, de um preconceito que precisa ser refutado. A antiguidade não se ajusta à opinião do cronista. Ésquilo e Sófocles, apreciados atores de suas próprias peças, aparentemente não foram prejudicados pela sua inteligência. É verdade, durante centenas de anos da nossa era – e é provável que o cronista se inspire neste passado já remoto – o prestígio dos atores, histriões e jograis andava meio por baixo. Desde então, contudo, desde há dois ou três séculos mais ou menos as concepções sobre este assunto se modificaram profundamente. Já não se acredita que o ator é vagabundo, ladrão, papagaio ou disco. O filósofo Hegel – é verdade que se trata de um "desprezível intelectual" – disse há cento e cinquenta anos: "Chamam-se agora os atores de artistas e tributa-se-lhes toda a honra de uma profissão artística; chamar-se ator deixou de ser, segundo a nossa concepção atual, mácula social ou moral. E isso com razão: pois esta arte exige muito talento, inteligência, perseverança, disciplina, exercício, conhecimento, sim, no seu ápice ela exige mesmo um gênio ricamente dotado".

Stanislávski e Coquelin, Charles Dullin e Gustav Gründgens, excelentes atores e homens inteligentíssimos, confirmam Hegel e desmentem o cronista.

Ninguém duvida hoje de que o grande ator, para exercer a sua profissão com a plenitude criativa indispensável à sua arte, precisa de aguda inteligência e de viva imaginação

---

16. FN, 15-21 jul. 1970.
17. O "conhecido autor" é Nelson Rodrigues.

na interpretação do texto, na análise do caráter que vai representar e das situações que terá de viver. Se não fossem inteligentes, John Gielgud, Cacilda Becker, Sérgio Cardoso, Michael Redgrave, não se teriam tornado atores de relevo. Molière, grande ator, ainda assim tem a fama de ter sido inteligentíssimo. O filósofo Georg Simmel – outro intelectual – disse que a arte do ator "tem as suas raízes nos mesmos fundamentos últimos de toda a arte, exatamente como a do dramaturgo. Só esta autonomia da arte do desempenho legitima o curioso fenômeno de que a personagem, criada como uma e única, é representada por diversos atores em caracterizações completamente diversas das quais cada uma pode ser perfeitamente adequada, nenhuma mais correta e nenhuma menos correta que a outra".

Há, sem dúvida, inúmeros seres humanos que são burros, também entre os intelectuais, e até entre aqueles que os combatem. Porém, a espécie humana como um todo distingue-se, em face das outras espécies, pela sua inteligência, isto é, pela capacidade do homem de distanciar-se de si mesmo e da sua situação, ato de liberdade e objetividade que lhe permite aprender, adaptar-se e reagir, de modo vário e eficaz, a situações novas e várias. E é precisamente o ator que, ao disfarçar-se, revela de modo exemplar a essência inteligente do homem: a distância em face de si mesmo e da sua situação que lhe permite desempenhar os papéis de outros seres humanos em outras situações. Homens como Louis Jouvet, G. Guarnieri, Paulo Autran, Charles Laughton, Frank Wedekind, Laurence Olivier, atores inteligentes, representam exemplarmente a essência inteligente do homem.

Molière Com Rock e Almofadas[18]

O Teatro Oficina de São Paulo apresenta atualmente o *Dom Juan*, de Molière, numa adaptação e encenação de Fernando

18. FN, 15 ago. 1970. Publicado com o título: Molière Com Almofadas.

Peixoto. Julgando-se apenas o espetáculo, sem tomar em consideração Molière, não se lhe pode negar excelentes qualidades. A direção é boa e inventiva; a cenografia e os figurinos são originais, confirmando mais uma vez a fértil imaginação de Flávio Império; a agitação frenética, explodindo em ruído e *rock*, é de viva expressão audiovisual; e os desempenhos de Gianfrancesco Guarnieri, como Dom Juan, e Antônio Pedro, como Sganarelle, são excepcionais.

Visto, porém, a partir de Molière, o espetáculo, enquanto adaptação, inspira dúvidas. Não porque se tenha de considerar Molière como intocável, mas porque a adaptação de uma grande peça (como foi ressaltado em outra crônica) deveria ser significativa em função da realidade atual do país em que a obra é apresentada. A peça, sem dúvida, oferece elementos para semelhante adaptação significativa.

O *Dom Juan* de Molière é um dos primeiros niilistas conscientes e consequentes da literatura europeia. É um rebelde anárquico que nega todos os valores. Sua revolta se dirige não contra os males de determinada sociedade, mas contra a sociedade em geral. Molière pinta o personagem cínico, corajoso, elegante e belo com certa simpatia – risco que talvez acreditasse poder assumir porque o destino infernal do rebelde, se excluía o perdão do céu para o herói, prometia ao menos o perdão das autoridades para o dramaturgo. Todavia, neste ponto Molière se enganou. Tão virulenta e blasfêmica se afigurava a peça no mundo do absolutismo que ela provocou escândalo e foi proibida.

Se a crítica celeste, enviando o simpático vilão às chamas do inferno, já não satisfazia há trezentos anos, ela nos convence muito menos hoje. Numa adaptação atual, significativa, à base do exame da nossa realidade, esperar-se--ia que desse destaque à crítica (aliás, presente no texto) dirigida pelo criado Sganarelle ao patrão aristocrático. Isso não excluiria que se mantivesse a ambiguidade dos dois personagens, ambos ao mesmo tempo positivos e negativos. Tratar-se-ia da colocação certa dos acentos, da distribuição correta de luzes e sombras, para salientar os traços positivos de Dom Juan – a sede de liberdade e o amor a uma vida intensa e plena – e criticar os traços negativos, o anarquismo irracional, "politicamente superado", do herói.

Não parece que a adaptação tenha optado por qualquer linha pensada, nem neste nem em qualquer sentido diverso. Ela não se inspirou em problemas importantes da nossa realidade. Adotou dela apenas o aspecto superficial do *rock* e de orgias "hippizadas". Desta forma, beneficiou o espetáculo (o que merece aplausos), mas favoreceu muito mais os sentidos do que o sentido.

Inserir entre *hippies* e ritmos de *rock* tanto Dom Juan como Sganarelle, que é o protótipo do pequeno-burguês cheio de bom senso e de virtudes aparentes, contradiz o caráter deste e acentua naquele a anarquia e o irracionalismo. Parece que se visa a fazer participar o público deste estado "envenenado", não só levando-o de roldão pelo ronco do *rock*, mas tirando-lhe, ademais, as cadeiras e lançando-o sobre almofadas. Estas, por sorte, não são suficientemente voluptuosas para lhe paralisar por completo a lucidez e o senso crítico.

Molière Atual[19]

No ano que vem terão passado exatamente três séculos desde a estreia de *As Sabichonas* (*Les Femmes Savantes*), considerada uma das melhores comédias de Molière. Apesar da distância tricentenária, as questões focalizadas pela sátira maliciosa de Molière ainda hoje nos tocam de perto e são inteiramente atuais. Os alvos do sarcasmo são, em primeiro lugar, a literatice, a cultura postiça, o comportamento artificioso, sobretudo a linguagem hermética, cheia de preciosismos amaneirados, cultivada por panelinhas

---

19. *O Estado de São Paulo*, 26 set. 1971. Publicado com o título: Um Molière Atual nas *Sabichonas*.

pretensiosas que se segregam do entendimento comum da maioria; ataque fulminante ainda hoje, precisamente hoje. E são, em segundo lugar, as mulheres que pretendem marcar a sua emancipação mediante tais lantejoulas culturais. Para dizer a verdade – o título já o indica –, a chacota atinge antes de tudo a emancipação feminina, uma vez que as alternativas positivas das "preciosas ridículas" não são as mulheres verdadeiramente cultas, como a Marquesa de Rambouillet ou a Marquesa de Sévigné, ou mesmo a influência benéfica dos salões, mesmo preciosos, mas as mulheres domésticas que "se põem no seu lugar", como Henriqueta, a moça casadoira da peça, e Martina, a criada de sadias tendências populares, convencida de que a galinha é melhor para botar ovo, enquanto quem canta é o galo. Quanto aos homens literateiros – Tremembó e Vadius, que se engalfinham numa disputa de deliciosa comicidade –, servem na peça apenas para acentuar o "subdesenvolvimento" feminino de Filomena, Armanda e Belisa, iludidas por semelhantes literataços. Ninguém, de resto, jamais duvidaria de que há homens verdadeiramente cultos.

Como se vê, a peça é tão nossa que será adorada pelos adversários de Betty Friedan e causará irritação profunda entre seus adeptos. Todavia, pondo de lado as valorizações contra ou a favor do processo inevitável da emancipação feminina, a peça é o resultado da observação aguda de fenômenos sociais. A busca de um *status* social superior, no caso a equiparação das mulheres aos homens, costuma levar de fato a atitudes de pernosticismo, à adoção superficial dos símbolos exteriores daqueles que "estão por cima". E, em consequência disso, ocorrem desajustamentos e excentricidades que perturbam o ritmo da vida social. A sanção da sociedade, daquela maioria de cujo bom senso Molière é porta-voz, é o riso, castigando as atitudes rígidas daqueles que não têm a necessária flexibilidade para se adaptar às conveniências da vida social.

A encenação da companhia de Paulo Autran e Madalena Nicol, no Teatro Anchieta, tem desde logo a vantagem da magnífica tradução de Millôr Fernandes. Sem pensar em rigores museais, adaptou os alexandrinos de Molière, de qualquer modo intraduzíveis, à linguagem coloquial dos nossos dias, jogando livremente com rimas de grande eficácia. Alguns acharão demasiado livre a transposição de Fernandes, que visivelmente encontrou grande satisfação em aplicar uma rasteira às sabichonas. Entretanto, em termos de comunicação, dificilmente se poderia imaginar versão melhor, como testemunham as incessantes risadas do público.

A direção de Silnei Siqueira se concentra sobretudo no ritmo rápido, apoiada em cortes drásticos do texto; mas parece um pouco solta e sem grandes cuidados no que se refere à marcação, à composição visual dos grupos, à "coreografia" e ao gesto clássicos. Estes, de qualquer modo, estariam em desacordo com a tradução, mas combinariam melhor com os bonitos figurinos de Gilberta von Pfuhl, cuja historicidade exigiria movimentação mais composta, mais graça e, em alguns momentos, menos grossura.

No elenco nota-se uma nítida diferença de qualidade entre a geração madura e os representantes da juventude. Madalena Nicol, figura elegante, é quem mais se adaptou ao espírito da época e sua afetação é muito bem dosada. Paulo Autran, magnífico com sua peruca, transpira, como o marido medroso, solidez e bom senso por todos os poros. Miriam Muniz, extremamente comunicativa, é uma robusta Belisa que desmente com cada gesto a espiritualidade platônica de que se acredita expoente. A sua drasticidade só é superada pela criada da jovem Neuza Rocha, excessiva em certos gestos e necessitada de melhor dicção. Hélio Ary, de máscara impressionante, compõe uma excelente caricatura do literatelho Tremembó. Hedy Siqueira é uma figura agradável, Kleber Macedo um pouco nervosa e superafetada. Isaías Almada, como noivo, é ainda inseguro e não muito feliz na postura. Jorge Chaia, Chico Martins e Lafayette Galvão, corretos.

O cenário de Túllio Costa é um tanto neutro e na sua economia adequado às viagens que decerto levarão a encenação, cujo êxito desde já parece garantido, a muitas partes do Brasil.

O Escorpião de Numância[20]

Os prêmios de literatura e teatro, além de muitas vezes representarem uma razoável contribuição financeira e aumentarem o prestígio dos autores distinguidos, devem sobretudo facilitar e ampliar a difusão das respectivas obras. Esta é também a função do Prêmio Anchieta, anualmente concedido a um dramaturgo nacional. Quanto ao último ponto – o da difusão –, este prêmio anda meio azarento, apesar de a encenação das peças premiadas ser estimulada por subvenção especial. Como exemplo, pode servir *O Verdugo*, de Hilda Hilst, peça premiada há tempos que, além de atual, enriquece pelo seu teor insólito e pela originalidade a literatura dramática brasileira. Entretanto, até hoje não encontrou, entre os diretores ou companhias profissionais mais qualificados, quem quisesse encená-la. É um fato lamentável. Lembra o caso de Jorge Andrade e a completa indiferença dos diretores mais categorizados em face de autores nacionais enquanto não se enquadrem dentro de certos padrões da "dramaturgia jovem". Desta, tivemos exemplos magníficos nos últimos anos, porém atualmente casos de tristes quedas, como ocorre com *Os Convalescentes*, de José Vicente, um dos mais talentosos dramaturgos da nova geração. Pode-se perdoar-lhe a morbidez, o niilismo, os chavões existencialistas e, até mesmo, a leviandade e confusão intelectuais com que aborda problemas graves; nunca, porém, a chatice e o *kitsch* retóricos que, mesmo uma atriz excepcional como Norma Benguel, é incapaz de neutralizar (todavia, vale a pena ver o desempenho dela).

O que foi dito a respeito de *O Verdugo* quase que se poderia repetir de *O Escorpião de Numância*, peça de Renata

20. FN, 23 set. 1970.

Pallottini que ganhou o Prêmio Anchieta de 1968. Vale aqui o "quase". Felizmente, depois de vicissitudes sem fim, que envolvem a peça num halo de epopeia homérica, *O Escorpião* terá sua estreia em outubro, no Teatro Anchieta, com um bom elenco sob a direção competente de José Rubens Siqueira e com os cenários de Sara Ferez, cujos trabalhos ultimamente vêm se impondo cada vez mais, colocando-a entre os melhores cenógrafos do Brasil.

A peça da poeta e dramaturga Renata Pallottini aborda o mesmo tema de *El Cerco de Numancia*, a famosa tragédia de Cervantes: a resistência heroica da antiga cidade da península ibérica contra o poder imperialista de Roma. Numância, cidade minúscula, defendeu-se durante vinte anos contra a maior potência do mundo antigo, lutando ao fim quatro mil numantinos contra trinta mil romanos. Segundo consta, os últimos habitantes, ao se renderem, incendiaram a cidade e se suicidaram, sem exceção. Bem disse Cervantes na sua peça: "Hallo solo en Numancia todo cuanto puede com justo titulo cantar-se"[21].

Na peça de Renata, notável pela áspera simplicidade com que se configura a situação coletiva, sem que se omitam matizes individuais, Cipião Emiliano surge como representante cruel da expansão imperial. Numância, segundo Renata, "ilustra a força que pode ter um povo que se une e que, assim, consegue derrotar as mais violentas investidas do poder arbitrário e da prepotência. O suicídio coletivo (daí o título que alude à lenda do escorpião suicida) de Numância é, na obra de Cervantes, uma vitória". A sua (dela) obra, expõe Renata, procura mostrar o processo de progressiva tomada de consciência e aglutinação de um povo. A personagem principal da peça é a liberdade nacional.

Menos por causa da "solução final" do que por enaltecer, numa linguagem disciplinada e transparente, as virtualidades humanas numa situação-limite, a peça de Renata Pallottini é

---

21. "Encontro apenas em Numância tudo quanto se possa, a justo título, cantar." [Tradução de A. Rosenfeld].

preferível, mil vezes preferível, à fossa monumental de José Vicente. Chegou o momento de lançar a fossa na fossa; ela andava cheia de jovens, mas agora os jovens já estão cheios dela, principalmente quando transborda de uma torrente incontida de literatura de dúbia qualidade.

Uma Sátira Hilariante[22]

Mário Prata, jovem mineiro, pertence à boa safra de novos dramaturgos brasileiros que, em número alentado, surgiram depois da revelação de Plínio Marcos. Os aficcionados do teatro ainda devem estar lembrados do seu *Cordão Umbilical* que, no ano passado, obteve êxito considerável. *E se a Gente Ganhar a Guerra?* baseia-se num fato acontecido no Estado do Espírito Santo. Ali, certo dia, um cidadão penetrou no Palácio do Governo afirmando ser o novo governador. "Vim assumir!" Consta que, depois de iniciar os primeiros despachos, foi levado, com toda a cordialidade, ao Manicômio Judiciário, graças à armadilha de um dos encarregados do dispositivo de segurança.

Com base nesse incidente pouco significativo – cerca de dez linhas no noticiário dos jornais –, a imaginação fértil e fervilhante do jovem autor produziu uma comédia de dois atos extensos, socorrendo-se ainda de uma piada famosa que, dialogada, espichada e posta em cena, fornece a matéria para o segundo ato.

Com tão pouca substância, Mário Prata conseguiu escrever uma sátira política hilariante e irreverente, com um diálogo saboroso, salpicado de chistes às vezes ferinos, eivado

---

22. *O Estado de São Paulo*, 8 out. 1971. Publicado originalmente com o título "Sátira Política Revela Seu Autor", trazia ainda informações adicionais, como o subtítulo, horário e local etc.: "*E se a Gente Ganhar a Guerra?*, comédia de Mário Alberto Prata. Cenários e figurinos: Luiz Parreiras. Elenco: Paulo Goulart, Yolanda Cardoso, Sylvio Zilber, Regina Braga, João Acaiabe. Direção: Celso Nunes. Teatro Aliança Francesa (Rua General Jardim, 182. Fones: 34-7759 e 32-0263). Diariamente às 21 horas; sábados às 20h30 e 22h30 horas; domingos às 18 e 21 horas)".

de alusões não raro espirituosas. As situações e falas provocam gargalhadas incessantes de um público que não resiste àquele toque gostoso de autogozação tipicamente brasileira, na qual, no fundo, se exprime muito mais confiança e autoafirmação nacional do que no ufanismo exaltado.

A comicidade da peça não se nutre de recursos particularmente requintados. Joga com o robusto contraste de personagens da mais alta hierarquia política falando, surpreendentemente, uma linguagem drasticamente popular, através de múltiplos telefones coloridos que ligam o governador com o presidente, o Papa e outras autoridades; e obtém belos resultados magnificando, à maneira *pop*, os clichês políticos para, deste modo, pô-los entre aspas e expô-los à vista mesmo dos míopes.

Enquanto o primeiro ato, baseado na notícia mencionada, mantém certa continuidade, tensão e verossimilhança dramáticas, o segundo parte, senão para a ignorância, ao menos para a farsa deflagrada. Despedindo-se dos mínimos resquícios do verossímil, invade triunfalmente o reino do absurdo e acaba se dissociando numa série de "achados". Mário Prata é decididamente um autor de primeiros atos. Também em *O Cordão Umbilical* o segundo ato se desmorona.

O que salva a situação é a direção de Celso Nunes (*A Longa Noite de Cristal, O Interrogatório*), que nunca deixa esmorecer o espetáculo e que, sobre as piadas e principalmente sobre os buracos do texto, faz erguer-se uma nova dimensão cômica, mercê de marcações burlescas e *gags* quase sempre felizes, embora nem sempre originais. No resultado jocoso colaboram de um modo eficaz os cenários, figurinos, invenções cenotécnicas, painéis e fotos (com a face de Miriam Muniz) de Luiz e Bia Parreiras e de Jarbas Lotto. No elenco há um equilíbrio perfeito. Todos estão à vontade, desde Paulo Goulart, que compõe um governador, presidente e imperador originalíssimos, Yolanda Cardoso, mariposa do tipo já conhecido da peça anterior de Mário Prata, até Sylvio Zilber, como chefe de gabinete, Regina Braga como secretária saltitante, em crescente estado de gravidez, e João Acaiabe, em crescente estado de decrescimento.

Apesar de a peça revelar de novo um autor inteligente, de inspiração cômica fácil e espontânea, e apesar de se dever supor que o texto irreverente tenha sofrido cortes prejudiciais, não se pode deixar de esperar que Mário Prata no futuro trabalhe as suas obras com mais rigor e se imponha critérios e aspirações artísticas mais severas.

O Pagador de Promessas

Tendo a peça de Dias Gomes, *O Pagador de Promessas*, sido amplamente apreciada pela crítica especializada, a ela iremos nos referir apenas na medida de sua transposição cinematográfica.

Abrimos, porém, um parêntesis para situar a nossa compreensão da peça.

O próprio autor, Dias Gomes, segundo palavras suas impressas no programa do espetáculo do TBC, e mais recentemente através de uma mesa-redonda, teria posto na/ou inferido da peça, razões de ordem político-social e resumido, no seu depoimento para a televisão, o problema do filme como o problema da liberdade. Não negamos as condições políticas e sociais que permitiram a existência de um humílimo Zé do Burro, tampouco o sincretismo religioso existente na Bahia e outros fatores responsáveis pela eclosão de uma tragédia. Apenas negamos a insinuação – se é que interpretamos bem as palavras do autor – de que, vencidas determinadas situações de ordem político-social e instaurada a autêntica liberdade do homem, não haveria mais condições para o aparecimento, calvário e morte de um Zé do Burro.

Estamos totalmente em desacordo. Na sua expressão local, sem dúvida a personagem e a subsequente intriga deixariam de existir, não porém na sua essência. A nós, o problema se apresenta inerente a um aspecto da condição humana e não a um processo histórico, podendo ser transposto para qualquer outro plano ou tempo. Seria o problema da absoluta pureza, da personagem unívoca, devorada pelo cotidiano, sem os julgamentos intermediários, sem os pequenos elos e pontes de raciocínio, totalmente inteiriça, ausente de condições para manusear e viver o senso comum. Podemos facilmente imaginar um Zé do Burro colocado em outro extremo cultural: o ambiente universitário de um país da Europa, por exemplo. O excêntrico e ingênuo professor seduzido pela ideia fixa de sua obra (de valor ou não, não vem ao caso), inteiramente fiel a ela, lentamente destruído pelo bom senso e equilíbrio de todo um grupo, pela sua intolerância ou incompreensão.

TV *no Palco*

O tema de *A Longa Noite de Cristal*, de Oduvaldo Vianna Filho, não é propriamente novo no teatro. A engrenagem da indústria cultural foi abordada, por exemplo, em *Roda Viva* e em *Dez Para às Sete*. Esta última peça, que analisa criticamente a TV, foi escrita por um homem da TV, Walter George Durst. Recorrendo ao teatro para questionar o seu próprio ambiente profissional, certamente esperava que a linguagem e a organização cênicas, embora talvez "atrasadas" em relação aos veículos industriais, lhe garantissem, precisamente por serem artesanais, maior grau de integridade criativa. Todavia, o ângulo de Oduvaldo Vianna Filho é outro e deve-se reconhecer que a sua crítica à TV, por extensão às indústrias culturais em geral, é particularmente penetrante e "abrangente". Sugere os mecanismos de pressão internacionais que, em muitos casos, resultam ou tendem a resultar na corrupção daqueles que vivem enredados na engrenagem. No caso em foco, levam ao naufrágio humano e à destruição de um telejornalista.

Não surpreende que a crítica à indústria cultural ou de consciência – tal como, moldando consciências em série, é atualmente manipulada em amplas partes do mundo – possa ser feita com franqueza tão virulenta precisamente pelo teatro. Como meio de comunicação artesanal, o teatro é capaz de manter certa independência, bem mais ampla de qualquer modo que a de empresas sujeitas à pressão de anunciantes ou de um complexo sistema de produção, distribuição e exibição. Esta afirmação, evidentemente, não se dirige contra a indústria cultural enquanto tal, cuja importância crescente é ponto pacífico.

No caso da encenação de Celso Nunes, no Studio São Pedro, a relativa independência do teatro se afirma contra o próprio autor – o que não deixa de ser um traço característico do teatro atual. Vianninha, como se sabe, protestou contra a encenação a qual não corresponderia às intenções inerentes à peça. O protesto e a defesa do Studio constam do programa (aliás, bem feito), numa atitude de honestidade exemplar. O autor certamente tem razões ponderáveis para protestar. Aparentemente, visou a uma encenação realista, direta e singela. No entanto, o próprio texto sugere um desenvolvimento cênico livre e exige amplos recursos inventivos para tornar nítido o jogo que se desenrola, em ritmo extremamente rápido, em planos múltiplos.

Deve-se reconhecer que Celso Nunes se desincumbiu da difícil tarefa com grande habilidade, com verve, humor e mordacidade, muito feliz também na paródia das telenovelas. O espetáculo destaca-se como um dos melhores entre os que atualmente estão em cartaz em São Paulo. Para isso contribuem os excelentes desempenhos de Fernando Torres (no papel do protagonista Cristal) e de Beatriz Segall. Em papéis menores merecem menção Regina Braga, Abrahão Farc, Lafayette Galvão, Sílvio Zilber e, particularmente numa interpretação deliciosa, a "locutora" Jandira Martini.

ANATOL ROSENFELD NA PERSPECTIVA

Texto/Contexto I (D007)
Teatro Moderno (D153)
O Mito e o Herói no Moderno Teatro Brasileiro (D179)
O Pensamento Psicológico (D184)
O Teatro Épico (D193)
Texto/Contexto II (D254)
História da Literatura e do Teatro Alemães (D255)
Prismas do Teatro (D256)
Letras Germânicas (D257)
Negro, Macumba e Futebol (D258)
Thomas Mann (D259)
Letras e Leituras (D260)
Na Cinelândia Paulistana (D282)
Cinema: Arte & Indústria (D288)
Preconceito, Racismo e Política (D322)
Judaísmo, Reflexões e Vivências (D324)
Brecht e o Teatro Épico (D326)
Estrutura e Problemas da Obra Literária (EL01)
Mistificações Literárias: "Os Protocolos dos Sábios de Sião" (EL03)
Anatol "On The Road" (P22)

Este livro foi impresso em São Paulo,
nas oficinas da MarkPress Brasil, em outubro de 2014,
para a Editora Perspectiva.